Anonymous

Verzeichnis der Bürgerschaft der Stadt Schaffhausen

Anonymous

Verzeichnis der Bürgerschaft der Stadt Schaffhausen

ISBN/EAN: 9783743644687

Hergestellt in Europa, USA, Kanada, Australien, Japan

Cover: Foto ©ninafisch / pixelio.de

Weitere Bücher finden Sie auf **www.hansebooks.com**

Verzeichniß
der
Bürgerschaft
der
Stadt Schaffhausen.

Auf 1. August 1885.

Schaffhausen.
Buchdruckerei der Gebr. Meier.
1885.

Verzeichniß
der
Bürgerschaft der Stadt Schaffhausen.

———◆◆◆———

Bürger-Nr.	Geschlechts- und Taufname, Stand oder Beruf.	Geboren.
705	Abegg, Joh. Jak., Pfründer	1812
1258	— Joh., Gärtner, Pfründer	1828
1296	— Joh., Uhrenmacher,	1829
1493	— Andreas, Schuhmacher	1833
1771	— Joh. Mart., Chirurg, in Neuhausen	1839
1961	— Hch., Zimmermann	1842
2143	— Georg Heinr., Maler	1845
2636	— Conrad, Mechaniker	1851
3372	— Heinrich, Landwirth	1863
614	Altorfer, Joh. Jak., Schlosser, Pfründer	1809
796	— Jak., Gerber zum Klee	1815
867	— Joh. Jak., Gerber, in Eglisau	1817
1469	— Joh. Georg, Kaufmann, in Basel	1821
1494	— Joh. Jak., Schreiner	1833
1726	— Johannes, Bürstenbinder,	1838
1727	— Severin, Lehrer, in Nottingham	1838
1774	— Ludwig, Wirth, in Neuchatel	1839
1903	— Joh. Jak., Kaufmann	1840
1962	— Joh. Conrad, Schlosser, in Bruggen	1841
2036	— Jakob Georg, Schlosser, in Amerika	1841
1963	— Albert Rudolf, Uhrenmacher, in Chaux-de-Fonds	1842
2050	— Albert, Kaufmann, in Amerika	1843
2144	— Gottfried, Architekt, Wirth	1844
2241	— Andreas, Gerber	1846

Bürger- Nr.	Geschlechts- und Taufnahme, Stand oder Beruf.	Geboren.
2242	Altorfer, Conrad, Uhrenmacher, in Yverdon	1847
2398	— August, Koch, in Amerika	1849
2516	— Joh. Jak., Gerber, in Eglisau	1850
2934	— Emil, Sattler, abw.	1855
2935	— Carl Georg, Apotheker, in Australien	1855
3119	— Eduard, Gerber, Eglisau	1859
3188	— Carl Heinrich, Steinhauer, abw.	1860
868	Ammann, Joh. Heinrich, Bürgergutsverwalter	1817
959	— Emil, Kaufmann, in Kannstatt	1820
961	— Carl, Commissionär	1820
1061	— Georg, Ersparnißkasseverwalter	1823
2571	— Sebastian, Privatier	1827
2127	— Joh. Jak., Uhrenmacher	1844
2243	— Joh. Jakob Jsrael, in Moskau	1847
2244	— Carl, Landwirth	1847
2323	— Emanuel Chr., Kaufmann, in Feuerthalen	1848
2324	— Bernhard, Kaufmann in Winterthur	1848
2517	— Hermann Friedrich, Kaufmann, in Feuerthalen	1850
2755	— Caspar Rudolf, Bankdirektor, in Baden	1852
2865	— Gottfried Heinrich, Bierbrauer	1854
2936	— David, Kaufmann in Zürich	1855
3189	— Paul Albert, Dr. Jur., Sekretär, in Bern	1860
3373	— Carl Christof, Kaufmann	1863
3374	— Rudolf August, abw.	1863
2377	Amsler, Jakob, Mechaniker, Professor	1823
3016	— Alfred Richard Jakob, Mechaniker, abw.	1857
3120	— Rich. Emil, Chemiker, in Offenbach	1859
3375	— Franz Albert, Mechaniker, abw.	1863
2381	Anding, Joh. Philipp Paul, abw.	1821
2812	— Carl, in Kassel	1853
1831	Andreä, Volkmar, Kaufmann, in Amerika	1840
2145	— Carl Alexander	1844
2572	Auer, Nikolaus, Feilenhauer, in Solothurn	1844
2493	Bahnmaier, Joh. Christ., Kantonsbaumeister	1834
3309	— Ernst Joh., Forstpraktik., abw.	1862
3514	— Theodor Ernst, Gärtner, abw.	1865
2386	de Bari, Carl Friedrich, in Frankfurt	1851
2376	Bastian, Franz Carl, Kaufmann, „	1851

Bürger-Nr.	Geschlechts- und Taufname, Stand oder Beruf.	Geboren.
2505	Baumer, Isaak, Lehrer	1821
1834	— Joh., Kaufmann, im Spital	1840
2054	— Joh. Conrad, Uhrenmacher	1843
2248	— August, in St. Valentin, Tyrol	1847
2908	— Jakob, Mechaniker, in Oberndorf	1847
3076	— Wilhelm, Kaufmann, abw.	1858
1488	Baumann, Josef, Lehrer	1812
2616	Baur, Joh. Jak., Schneider	1839
2497	Bächtold, Joh. Jak., Bäcker	1834
2615	— Carl August, Pfarrer	1838
3308	— Joh. Jakob, Mechaniker	1862
3361	Barmettler, Melchior, Landwirth	1821
869	Bäschlin, Joh. Heinrich, Wirth	1817
962	— Carl, Conduktcur	1820
1001	— Joh. Georg, Feilenhauer, Spital	1821
1062	— Joh. Jakob, Landwirth, in Amerika	1823
1105	— Georg, Schuhmacher im Spital	1824
1335	— Joh. Jakob, Landwirth, in Amerika	1830
1377	— Friedrich, Landwirth, in Amerika	1831
1378	— Joh. Georg, Metzger, in Amerika	1831
1496	— Jakob Wilhelm, Kaufmann, in Zürich	1833
1585	— Joh. Conrad, Wirth	1835
1619	— Carl Samuel, Schmied, abw.	1835
1659	— Joh. David, Gold- und Silber-Controleur	1836
1832	— Joh. Heinrich, Reallehrer	1840
1833	— Georg, Schreiber, abw.	1840
1965	— Joh. Conrad, abw.	1841
1964	— Friedrich Wilhelm, Lithograph	1842
2051	— Joh. Jakob, Spengler	1842
2053	— Johannes, Kaufmann, in Bern	1843
2146	— Emanuel Jakob, Buchhalter	1844
2147	— Jakob, Schuhmacher	1844
2149	— Heinrich Gottlieb, Direktor der internat. Verbandstofffabrik, in Montpellier	1845
2245	— Eduard, Kaufmann, abw.	1846
2245	— Ignaz Albert, Kaufmann	1847
2518	— Johannes, Bäcker, in Winterthur	1850
2684	— Laurenz, Dekorationsmaler, in Paris	1851

Bürger- Nr.	Geschlechts- und Taufname, Stand oder Beruf.		Geboren.
2796	Blank, Heinrich Ferdinand,	in Amerika	1852
2813	— Carl Emil Heinrich, Bäcker	in Corsier	1853
2969	— August, Xylograph,	Frankfurt a./M.	1856
3020	— Carl Emil,	abw.	1857
838	Blanz, Johannes, Schalenmacher		1816
1622	— Joh. Jakob, Landwirth		1835
2255	— Joh. Martin, Landwirth		1846
2256	— Johannes, Musiker,	abw.	1847
3122	— Joh. Jakob, Landwirth		1859
2573	Blum, Michael, Schalenmacher,	in Stein	1844
2909	— Marx, Eisendreher,	in Flurlingen	1853
2939	— Johannes, Bäcker,	in Beggingen	1855
1778	Bobmer, Joh. Conrad, Essigfabrikant		1838
3450	— Elias Konrad, Bäcker,	abw.	1864
2683	Bollin, Heinrich, Kaufmann		1821
1729	— Joh. Jakob, Landwirth,	im Immenhof	1838
2151	— Carl Ferdinand,	im Immenhof	1845
2617	Bollinger, Simon, Bauaccordant		1817
968	— Heinrich, Maler		1820
1067	— Jakob, Landwirth,	in Amerika	1823
1222	— Carl, Bäcker		1826
1337	— Georg, Müller,	in Amerika	1830
2045	— Heinrich, eidg. Oberst	in Zürich	1832
2619	— Jakob, Maurer		1834
2667	— Balthasar, Schuhmacher		1835
1906	— Joh. Heinrich, Müller,	in Amerika	1841
2152	— Joh. Conrad, Maler und Lakirer		1845
2329	— Joh. Heinrich, Bahnangestellter		1848
2869	— Joh. Gottfried, Mechaniker,	abw.	1854
3378	— Carl Samuel, Kfm.,	abw.	1863
3179	Brandenberger, Conrad, Heizer		1847
3248	Brandt, Richard, Apotheker,	in Zürich	1829
3382	— Carl, Kaufmann,	in Zürich	1863
2574	Braun, Jakob, Landwirth		1810
2513	— Georg, Holzarbeiter		1847
2687	— Jakob,	in Amerika	1851
2759	— Gottfried, Landwirth,	abw.	1852
1661	Bringolf, Conrad, Schlosser		1836
3123	— Joh. Heinrich Conrad, Silberarb.	abw.	1859

Bürger- Nr.	Geschlechts- und Taufname, Stand oder Beruf.	Geboren
1837	Brodtmann, Gustav Frd., Kfm., in Zürich	1840
1068	Brög, Tobias, im Armenhaus	1823
1838	— Jakob, Zimmermann, in Berlin	1840
2330	— Gottfried, Commis	1847
2399	— Wilhelm, Schreiner, abw.	1849
1968	Brupbacher, Joh. Conrad, Kaufmann	1842
2400	Brütsch, Joh. Jakob, Stadtbuchhalter	1848
400	Bührer, Jakob, Landwirth, im Fnlacherbürgli	1802
1932	— Joh. Jakob, Privatier	1807
2674	— Jakob, Maurer	1816
2578	— Johannes, Zimmermann	1825
2495	— Bernhard, Schuhmacher	1826
1379	— Jakob, Landwirth im Spiegelgut	1831
2924	— Albert, Maurermeister	1832
1681	— Georg, Fuhrmann in Amerika	1836
2618	— Martin, Kübler	1837
2060	— Jakob, Gärtner, in Amerika	1843
2576	— Conrad, Schalenmacher	1844
2577	— Jakob, Feilenhauer	1846
2579	— Wilhelm, Buchdrucker, abw.	1848
2666	— Gottfried, Silberarbeiter, abw.	1850
3078	— Joh. Jakob, Landwirth	1858
3124	— Albert, Maurer, abw.	1859
3192	— Heinrich, Schalenmacher	1860
3312	— Hermann, Kfm., abw.	1862
3379	— Joh. Jakob, Buchbinder, abw.	1863
1768	Bühlmann, Jakob, Hotelier	1830
3193	— Jakob Eugen, Mechaniker, in Amerika	1860
1731	Burgauer, Hrch., Buchbinder, in Königsfelden	1838
487	Bürgin, Joh., Zimmermann, in Chaur-de-Fonds	1805
768	— Martin, Maler, in Speicher	1814
2919	— Jakob, Landwirth	1819
1003	— Gustav, Pfarrer und Schulinspektor	1821
1261	— Georg, Landwirth, in Buchthalen	1828
1298	— Conrad, im Spital	1829
1338	— Johannes, Landwirth, in Buchthalen	1830
1380	— Heinrich, Zimmermann, im Spital	1831
1428	— Johannes, Landwirth, in Buchthalen	1832
1471	— Martin, Zimmermann	1832

Bürger-Nr.	Geschlechts- und Taufname, Stand oder Beruf.	Geboren.
1005	Enderis, Carl, alt Lehrer	1821
1500	— Hrch., Kaufmann, in Amerika	1833
1625	— Erb. Theodor, Diakon am St. Johann	1835
2159	— Conrad Ernst, Dr. phil., Staatsarchivar	1845
1142	Enlebucher, Joh. Alb., Wirth, in Höngg (Zürich)	1825
1107	Ermatinger, Caspar, Metzger, in Amerika	1824
1184	— Martin Konrad, Kaufmann	1826
1299	— Heinrich, Hutmacher, in Amerika	1829
1502	— Joh. Heinrich, Kaufm., in London	1833
1588	— David Conrad, in Fluntern	1835
1663	— Franz, Metzger	1836
1682	— Joh. Heinrich, Bäcker, in Tavannes	1837
1734	— Johannes, Schreiner	1838
1779	— Th. Hrch., Tabakfabrikant, in Vevey	1838
1909	— Carl Gustav, in Bern	1841
2331	— Johann Jakob, Koch, in Amerika	1848
2401	— Heinrich, Etuisarbeiter, abw.	1848
2816	— Carl, Prediger, St. Gallen	1853
3520	— Conrad, Buchbinder, abw.	1865
2130	Etzensperger, August, Seifensieder	1833
3383	— Bernh. Aug., Landwirth, in Amerika	1863
2044	Ezweiler, Joachim, Friedensrichter	1821
2637	— August, Kaufmann, abw.	1851
2973	— Carl, Chemiker, in Mannheim	1856
3521	— Theodor, Thierarzt, abw.	1865
2750	Fahrner, Albert, Kaufmann, in Marseille	1851
547	Fährlin, Conrad, Schuhmacher	1807
1381	— Matthäus, Chirurg	1831
1382	— Joh. Friedrich, Zahnarzt, in Neuchâtel	1831
1503	— Carl Heinrich, Landwirth	1833
1547	— Carl Ferdinand, Hafner, in Amerika	1834
1548	— Johann Conrad, Schuhmacher	1834
1589	— Fr. August, Schlosser, in St. Gallen	1835
2063	— Johann Jakob, Wirth, in Herblingen	1843
2402	— Johann Conrad, Kfm., in St. Gallen	1849
2817	— Heinrich, Kaufmann, abw.	1853
2871	— Gottfried, Metzger, in Amerika	1854
2872	— Joh. Gottfried, Zimmerm., in Herblingen	1854
2974	— Wilhelm, Schlosser, abw.	1856

Bürger-Nr.	Geschlechts- und Taufname, Stand oder Beruf.		Geboren.
3083	Fährlin, Friedrich August, Mechaniker,	abw.	1858
3126	— Joh. Matthäus, Kfm.,	abw.	1859
3127	— Joh. Jakob, Hafner,	abw.	1859
3195	— Conrad, Landwirth		1860
3257	— August Emil, Metzger,	abw.	1861
3316	— Carl Eugen, Coiffeur,	abw.	1862
3317	— Jak. Friedrich, Metzger,	abw.	1862
3384	— Wilhelm, Schlosser,	abw.	1863
3453	— Otto Ferdinand, Bäcker,	abw.	1864
3454	— Christian August,	abw.	1864
3455	— Alfred Otto,	abw.	1864
3522	— Karl Jakob		1865
3184	Fäßler, Balthasar, Lohmüller		1836
3260	— Hermann, Maler		1861
3446	Fehr, Jakob, Weinhändler		1843
3071	Fink, Jakob, Prediger		1848
457	Fischer, Georg, Fabrikbesitzer,	in Hainfeld	1804
1185	— Georg, Kübler		1824
1550	— Georg, Fabrikant		1834
2496	— Joh. Georg, Schuhmacher		1834
2917	— Johannes, Landwirth		1849
2918	— Nikolaus,	„	1850
2873	— J. Georg, Küfer		1854
3128	— August, Kaufm.	abw.	1859
3457	— Karl Georg, Techniker,	abw.	1864
710	Flach, Karl Georg, Schreiner,	in Amerika	1812
2259	— Joh. Konrad, Architekt, Stadtrath		1847
3258	— Johannes,	in Bern	1861
3385	— Carl	in Bern	1863
2527	Flentjen, J. Ernst, Mechaniker,	in Udine	1850
2818	— Gustav Herm., Kaufmann,	in Amerika	1853
2975	— Carl Theod., St. Antonio (Texas)	„	1856
3084	— Jakob Viktor, Commis,	„	1858
840	Forrer, Christoph, Metzger,	im Spital	1816
1039	— Joh. Conrad, Schreiner,	„	1822
2064	— Carl, Buchdruckereibesitzer, in Dießenhofen		1843
2515	— Conrad, Uhrenmacher, in Buenos Ayres		1849
2943	— Heinrich, Schlosser,		1855
3318	— Joh. Conrad, Hafner		1862

Bürger- Geschlechts- und Taufname, Stand oder Beruf. Geboren.
Nr.

Nr.		Name, Beruf		Geboren
713	Gäschlin,	Conrad, Mechaniker,	in Mühlhausen	1812
1070	—	Franz, Kupferschmied,	in Amerika	1823
1147	—	Joh. Jakob, Rathsweibel		1825
1187	—	Wilhelm, Spengler		1826
1262	—	Friedrich Wilhelm, im Spital		1828
1342	—	Georg, Schreiner		1830
1504	—	Joh. Heinrich, Buchbinder		1832
1592	—	Gottfried, Bezirksgerichtsweibel		1835
1846	—	Emil,	in Mühlhausen	1840
1911	—	Albert,	„	1841
2262	—	Jakob Friedrich, Bäcker		1846
3261	—	Carl Gottfried, Bäcker,	Amerika	1861
3321	—	Heinrich, Sattler,	abw.	1862
3389	—	Alexander, Uhrenmacher		1863
3001	Gasser,	J. Ludwig, Kaminfeger,	abw.	1856
741	Gelzer,	Heinrich, Dr. phil und Prof.,	in Basel	1813
1109	—	Johann Konrad,	in Amerika	1824
1300	—	Alexander, Buchdrucker,	in Herisau	1829
1301	—	Joh. Jakob, Metzger,	in Amerika	1829
1435	—	Conrad, Apotheker,	in Chur	1832
1505	—	Conrad, Conditor, im Spital		1833
1644	—	Georg, Zimmermann,	in Neuhausen	1836
1781	—	Heinrich, Beck,	in Amerika	1838
1780	—	Wilhelm, Eisengießer	München	1830
1847	—	Alexander, Maler, im Spital		1840
1912	—	J. Heinrich, Kutscher		1841
1977	—	Joh. Heinrich, Architekt,	abw.	1841
1979	—	Albert, Uhrenmacher,	abw.	1842
2263	—	Carl Hrch. Guido, Prof.,	in Jena	1847
2766	—	August Hermann, Maurer,	abw.	1852
2767	—	Joh. Heinrich, Kupferschmied		1852
3247	—	Gelzer, Carl August,	in Basel	1857
3085	—	Gelzer, Theodor, Hafner,	abw.	1858
3198	—	Lud. Oskar, Küfer,	abw.	1860
3461	—	Karl Heinrich,	abw.	1864
3524	—	Alfred Heinrich,	in Amerika	1865
3525	—	Heinrich, Schreiner,	abw.	1865
3526	—	Alex. Heinrich	abw.	1865
3172	Germann,	Georg, Taglöhner		1831

Bürger-Nr.	Geschlechts- und Taufname, Stand oder Beruf.	Geboren.
2911	Germann, Johannes, Feilenhauer	1834
3130	— Joh. Georg, Commis, abw.	1859
3392	— Robert, Buchbinder, abw.	1863
3008	Geroja, Baptist, Bahnwart	1836
3366	Geuggis, Adolf, Bäcker	1844
3462	Glatt, Albert, in Brasilien	1869
2384	Glitsch, Albert Ferdinand, in Sarepta	1849
2805	Gorry, Jakob, Schneidermeister, abw.	1828
1848	Götzel, Otto, Apotheker	1840
1627	Götzinger, Max Wilh., Uhrenmacher, in Basel	1835
1717	— Ernst Wilh., Professor, in St. Gallen	1837
3463	— Max Wilhelm, abw.	1864
3527	— Friedrich Wilhelm, abw.	1865
1429	Graf, Joh. Martin, Kaufmann	1832
1849	— Christ., Uhrenmacher, in Romanshorn	1840
714	Gräf, Philipp Laurenz, Coiffeur, in Basel	1812
2734	— Franz Philipp, Maler, „	1844
2735	— Heinrich, Koch, „	1846
3174	Gremminger, Georg, Kaminfeger	1849
2582	Grieshaber, Jakob, Landwirth	1822
2583	— Conrad, Landwirth	1827
2677	— Johannes, Messerschmied	1840
3086	— Conrad, Gasarbeiter	1858
3129	— Jakob Landwirth	1859
3390	— Ernst, Kaufmann	1863
3391	— Konrad, Landwirth	1863
3464	— Jakob, Landwirth, in Amerika	1864
2634	Grimm, Wilhelm, Musikdirektor	1833
3173	Güttinger, Heinrich, Bahnwart	1833
3465	— Heinrich, Sattler, abw.	1864
619	Habicht, Joh. Jakob, Schlosser	1809
688	— Joh. Conrad, Landwirth	1811
939	— Joh. Jakob, Landwirth, in der Klus	1819
973	— Conrad, Fuhrhalter	1820
974	— Franz, Landwirth zur Klus	1820
1110	— Franz, Fuhrhalter	1824
1225	— Friedrich Wilh., Privatier	1827
1302	— Heinrich Wilhelm	1829
1506	— Joh. Konrad, Wirth, in London	1833

Bürger- Nr.	Geschlechts- und Taufname, Stand oder Beruf.	Geboren.
1553	Habicht, Johannes, im Spital	1834
1665	— Johannes, Maurermeister	1836
1736	— Joh. Heinrich, Briefträger	1838
1737	— Joh. Georg, Baumeister	1838
1738	— Jakob Friedrich, Schlosser	1838
1980	— Jakob Ludwig, Schriftsetzer, in Luzern	1842
1981	— Joh. Conrad, Kaufmann	1842
1982	— Carl Jakob, Kaufmann, in Amerika	1842
2167	— Carl August, Mechaniker, in Rußland	1845
2264	— Carl Alexander, Conditor	1846
2335	— Joh. Conrad, Landmann	1847
2529	— Joh. Georg Gabriel, Kellner abw.	1850
2878	— Albert, Gärtner abw.	1854
2879	— Franz, Landwirth	1854
2976	— Joh. Conrad, Kaufmann, in Amerika	1856
3025	— Jakob Wilhelm, abw.	1857
3199	— Heinrich Rudolf, Jurist	1860
3200	— Bernh. Gottfried, Kaufmann, abw.	1860
3393	— Jean, Bautechniker	1863
3466	— Karl Jakob, Bautechniker, abw.	1864
3528	— Albert, Kaufmann, abw.	1865
3529	— Georg Emil, abw.	1865
2807	Hakios, Alexander, Bäckermeister	1847
2692	Hangartner, Conrad, Landmann,	1851
2370	Hanck, Julius August, in Frankfurt a/M.	1850
1072	Hanser, J. Conrad	1823
1111	— J. Caspar, Handelsmann	1824
1226	— Jakob Wilh., Zimmermann, im Spital	1827
1384	— Joh. Melchior, Photograph	1831
715	Harber, Ferdinand, im Spital	1812
1783	— Wilhelm, Conditor, in Amerika	1840
2265	— Ulrich, Landökonom, „	1846
3131	— Wilhelm Christian, Schlosser abw.	1859
3394	— Arnold, Schreiner, abw.	1863
2681	Hardtmeyer, Georg, Schriftsetzer	1849
2682	— Jakob, Schalenmacher	1851
2620	Hasenfratz, Ludwig, Kaufmann	1843
1866	Hatt, Konrad, Schneidermeister	1826
3262	— Jakob, Heinrich, Gärtner	1861

17

Bürger- Nr.	Geschlechts- und Taufname, Stand oder Beruf.	Geboren.

3171 Hauser, Conrad, Postbüreaudiener 1829
1507 — Joh. Jakob, Hafner, in Zürich 1833
2584 — Johannes, Glaser 1836
2585 — Jakob, Etuisfabrikant 1846
2336 — Johann Konrad, Kaufmann, in Paris 1848
2510 — Alexander, Telegraphist 1849
3467 — Karl Heinrich, abw. 1864
3530 — Konrad, Bankangestellter 1865
3026 Haußmann, August, in Stein 1857
3132 — Carl, „ 1859
3201 — Alexander, „ 1860
2508 Heer, Alois, Schlosser 1842
1508 Heizmann, Johannes, Uhrenmacher 1833
2267 — Joh. Heinrich, Büchsenmacher, abw. 1846
3202 — Joh. Heinrich, in Afrika 1860
3323 — Jakob, Kaufmann 1862
2234 v. Heyder, G. Theodor, in Frankfurt a./M. 1844
2235 — August Carl, „ „ 1846
2533 — Alexander, „ „ 1850
2927 Hengelhaupt, Hrch. Gustav, Büchsenmacher 1826
3133 — August. Kaufmann, abw. 1859
3264 — Albert 1861
3325 — Emil, Kaufmann 1862
2380 Henneberg, Sophus Ludw. Heinr., Rentier abw. 1805
2387 — F. Th. Freimund, Techniker, in Berlin 1848
2534 — Ernst Leberecht, Mechaniker, abw. 1850
2880 — Joh. Jul. Siegfr., abw. 1854
1949 Hermann, Jakob Friedrich, Lehrer 1820
290 Hildebrand, Joh. Conrad, Schuster, senior, im Spital 1798
1112 — Jakob, Zolleinnehmer, in Emishofen 1824
1149 — Caspar, Taglöhner, in St. Urban 1825
1628 — Franz Zimmermann, in Amerika 1835
1739 — Wilhelm, Kaufmann 1838
1983 — Carl August, Mühlemacher, in Amerika 1841
2268 — Johannes, Xylograph, „ 1847
2531 — Conrad, Schlosser, in Sumatra 1850
2768 — Gottfried, Steinhauer, in Straßburg 1852

18

Bürger-Nr.	Geschlechts- und Taufname, Stand oder Beruf.	Geboren.
2977	Hilbebrand, Heinrich, Maler, abw.	1856
3203	— Friedr. Wilhelm, Schlosser, in Emishofen	1860
3395	— Wilhelm Richard, Kfm., in Chicago	1863
3468	— Markus, in Amerika	1864
3469	— Ernst Eugen, Kfm., in Chicago	1864
1785	Hilzinger, Johann Caspar, Küfer, in Genf	1839
1984	— Johannes, Maler, in Basel	1843
2694	— Joh. Richard, Wagner, in Amerika	1851
1867	Hippenmeier, Christian, in Buchthalen	1825
2977	— Carl Eberhard, abw.	1856
3088	— Christian, in Buchthalen	1858
3204	— Conrad, abw.	1860
3170	Horobezki, Joseph, Mechaniker	1847
1629	Höscheller, Joh. Heinrich, Schuhmacher	1835
1786	— Joh. Conrad, Zeugschmied	1839
369	Hoffmann, Chr. Fr., Kfm., in Mecklenburg	1801
2269	Huber, Carl Heinrich, Med. Dr., in Wien	1813
1716	— Joh. Wilhelm, abw.	1830
1630	— Carl, Schreiner, Pedell	1835
1773	— Conrad, Holzhändler	1839
2067	— Paul, Kaufmann, in Basel	1844
2979	— Julian, Gärtner, abw.	1856
1452	Hübscher, Georg, Schuhmacher	1820
2695	— Johann Georg, Gärtner, in St. Gallen	1851
2945	— Joh. Jakob, Schuhmacher	1855
3027	— Johann, Dr. phil., in England	1857
3205	— Ernst Emanuel, Kfm., in Zürich	1860
3396	— Gottlieb, Kaufmann, in Belgien	1863
1345	Hüninger, Johann Heinrich, Müller, abw.	1830
1765	— Caspar, Drechsler	1836
2168	— Johann Caspar, Schlosser, abw.	1845
3397	— Jakob, abw.	1863
2568	Hummel, Gustav Adolf, Kunstmaler,	1850
429	Hurter, Tob., alt Zeichnungslehrer	1803
518	— Friedrich, in St. Petersburg	1806
519	— Johann Heinrich, Schreiner, Pfründer	1806
975	— Tobias, Kaufmann, in Marseille	1820
1073	— Carl Georg, Kaufmann	1823
1113	— Johann Jakob, Maler, in Wien	1824

Bürger-Nr.	Geschlechts- und Taufname, Stand oder Beruf.	Geboren.
1114	Hurter, Felix Jakob, Architekt, in Basel	1824
1266	— Franz Ant.,k.k.Generalfeldmarschall,Wien	1824
1150	— Eduard, Med. Dr., Stadtarzt	1825
1151	— Johann Heinrich, Theolog, in Wien	1825
1387	— Sal. Heinrich, Landwirth, in Amerika	1831
1436	— Hugo Adalb., Prof. der Theologie in Innsbruck	1832
1740	— Gottfried, Lithograph, in Frauenfeld	1838
1856	— Arnold, Zollbeamter, abw.	1840
1985	— Tobias, Conditor	1841
1986	— Julius, Mechaniker, in Amerika	1842
2068	— Johann Friedrich, Cigarrenmacher, in Stuttgart	1843
2069	— Heinrich, in Amerika	1843
2070	— Joh. Friedrich, Reallehrer	1844
2071	— Ferdinand, Chemiker, in England	1844
2270	— Johann Adam, Maurer, in Straßburg	1847
2271	— Frdr. Alexander Tobias, in Petersburg	1847
2696	— Wilh. Theodor Alexander, „	1851
3028	— Eduard, Kaufmann, in Afrika	1857
3089	— Friedrich Franz, Kaufmann	1858
3263	— Friedrich Ernst Wilhelm, Kaufm., abw.	1861
3324	— Heinrich, Feilenhauer	1862
3398	— Alfred, abw.	1863
3399	— Karl Julius, Techniker, abw.	1863
3470	— Friedrich Gotthilf, im Armenhaus	1864
3471	— Friedrich Eduard, in Stuttgart	1864
3531	— Karl Heinrich, abw.	1865
690	v. Hurter, Reinh. Hrch., Justizrath, in Elberfeld	1811
2169	— Heinrich Gottfried Adolf, „	1845
2483	Jetter, Johann Ludwig, Schmied, im Spital	1821
2947	— Joh. Georg Ludwig, Uhrenmacher, in Chaux-de-Fonds	1855
1303	Jetzler, Friedrich Ferdinand, Silberwaarenfabrik.	1829
1347	— Bernhard Jakob, Guillocheur	1830
1388	— Carl Gabr., Maler, im Spital	1831
1513	— Joh. Ludwig, Rathsdiener	1833
1554	— Franz Alb.,Kfm., in Cochoeyra (Brasilien)	1834
1631	— Lukas, Fabrikant, in Traisen	1835

Bürger- Nr.	Geschlechts- und Taufname, Stand oder Beruf.	Geboren.
1646	Jetzler, Carl Lukas, Kaufmann, abw.	1836
1666	— Joh. Heinrich, Schuhmacher, abw.	1836
1857	— Conrad, im Spital	1840
2072	— Carl Hrch. Christ., Chemiker, Winterthur	1844
2532	— Candido, Ingenieur, in Nürnberg	1850
2770	— Tiburico, Kaufmann, in Bahia	1852
3029	— Bernhard, Schuster, abw.	1857
3090	— Rud. Wilhelm, abw.	1858
3208	— Ferdin. Julius, Silberarbeiter	1860
3326	— Jakob Rudolf, Kfm., abw.	1862
3400	— Heinrich, abw.	1863
3532	— Joh. Christof, Landwirth, abw.	1865
2823	Ill, Joh. Georg, Schuhmacher	1853
2950	— Joh. Heinrich, Büchsenmacher, abw.	1855
674	Im-Thurn, Hektor Moritz, Kaufmann	1810
1248	— G. Franz Joh. Baptist, in Köln	1827
1358	— Alexander Emil, in Nimes	1829
2170	— Georg, in Harlem	1844
2273	— Johann Conrad, in London	1846
2338	— Moritz, Bankkassier, in Winterthur	1848
2406	— Friedrich Carl, in London	1849
2769	— Eduard Ferd., in Amerika	1852
2948	— Carl Georg, in Köln	1855
3030	— August, abw.	1857
3209	— Oskar, in Köln	1860
1389	Jochim, Theob. Alb., Kaufmann, in Petersburg	1831
1858	— Nikl. Alex., „ „	1840
492	Joos, Joh. Christ., alt Polizeiabjunkt	1805
806.	— Heinrich Phil. Karl, Waadt	1815
1008	— Wilhelm J. B., Med. Dr., Nationalrath	1821
1009	— Albert Friedrich, Sattler, im Spital	1821
1190	— Rud. Emil, Med. Dr., Regierungsrath	1826
1555	— Heinrich Markus, Waadt	1834
1770	— Robert Christ., Kantonskassier	1839
2274	— Caspar Wilhelm, Steinmetz	1846
1869	Isler, Jakob, Landwirth	1819
2276	— Jakob, Landwirth	1846
3091	— Joh. Martin, Landwirth	1858
977	Ith, Conrad, Landwirth, in Buchthalen	1820

Bürger-Nr.	Geschlechts- und Taufname, Stand oder Beruf.	Geboren.
1154	Jth, Rud. Alex., Büchsenschmied, in Amerika	1825
1155	— Carl Alex., Kaufmann, in Murgenthal	1825
1156	— Ludwig Ferdinand, Landwirth	1825
1191	— Jakob Christoph, Schneider, im Spital	1826
1228	— Martin, Landwirth, in Buchthalen	1827
1687	— Wilhelm, Kaufmann, in Genf	1837
1741	— Conrad, Zimmermann	1838
1788	— Johannes, Schreiner	1839
1789	— Georg, Kübler	1840
1859	— Johannes, in Amerika	1841
1988	— Johann Georg	1842
2074	— August Heinrich, Maler	1843
2275	— Conrad, Taglöhner	1846
2641	— Conrad, Schuhmacher	1851
2697	— Carl Ferdinand, Landwirth	1852
2822	— Jakob, Landwirth, in Buchthalen	1853
2949	— Carl Arnold, Kaufmann, in Murgenthal	1855
3031	— Rudolf Ludwig	1857
3032	— Johannes, in Buchthalen	1857
3472	— Ferdinand, „	1864
1115	Karrer, Peter, Taglöhner	1824
1268	— Alois, Schreiner, in Basel	1828
2771	— Johannes, Hülfsarbeiter	1852
3033	— Adam Jakob, Hülfsarbeiter	1857
3092	— Karl, Taglöhner	1858
3265	— Konrad, Taglöhner	1861
1864	Keefer, Jakob Friedrich, Gärtner	1840
1958	Kaiser, Laurenz, Sattler, in Amerika	1831
2481	Käftle, Johannes, Maler	1814
2569	— Johann Jakob, Maler	1850
554	Keller, Johann Jakob, Schuhmacher	1807
843	— Johannes, Korbmacher, Pfründer	1816
940	— Carl, Bürgerrathspräsident	1819
1116	— Carl August, Pfläfterer	1824
1304	— Chr. Gottfr., Gerber, in Winterthur	1829
2373	— Heinrich, Wirth	1832
1632	— Carl Alexander, Bäcker, in Amerika	1835
1667	— J. Conrad, Bankdirektor, in Winterthur	1836
2277	— Christ. Georg, Pfarrer, in Siblingen	1846

Bürger-Nr.	Geschlechts- und Taufname,	Stand oder Beruf.	Geboren.
432	Lang, Eberhard,	Uhrenmacher, abw.	1803
766	— Carl,	Schmied, im Spital	1814
880	— Georg Heinrich,	in Kreuzlingen	1817
941	— Bernhard,	Schuhmacher	1819
1157	— Johann Heinrich,	Wagner	1825
1349	— Robert,	Schlosser	1830
1350	— Jakob Wilhelm,	Kübler	1830
1393	— Balthasar,	in Amerika	1831
1437	— Gotthilf Conrad,	Med. Dr.	1832
1475	— Joh. Conrad,	Schreiber, in Basel	1832
1516	— Jakob,	Substitut	1833
1517	— Heinrich,	Pedell a. b. Knabenrealschule	1833
1692	— Johann Jakob,	Küfer	1837
1794	— Joh. Ebenezer,	Theolog, in Amerika	1839
1863	— Johann Heinrich,	Kübler, abw.	1840
1990	— Joh. Robert,	Landwirth	1842
1991	— Samuel,	Theolog, in Amerika	1842
1992	— Jakob Gottlieb,	Bäcker, in Amerika	1842
2131	— Johannes,	Pfarrer, in Stein	1843
2175	— Johann Jakob,	Schuhmacher	1844
2174	— Heinrich,	Schalenmacher, abw.	1845
2282	— Laurenz,	Büchsenmacher	1847
2587	— Carl Johann,	Steinhauer	1847
2341	— Johannes,	Büchsenmacher, abw.	1848
2412	— Albert,	Direktor der Volksbank in Bern	1849
2981	— Samuel,	Schlosser, abw.	1856
3094	— Georg Heinrich,	Waffenschmied, abw.	1858
3095	— Carl Friedrich,	Wagner	1858
3096	— Hermann Robert,	Dr. phil. Professor	1858
3134	— Bernhard,	Küfer, abw.	1859
3211	— Joh. Conrad,	Gärtner, abw.	1860
3212	— Joh. Heinrich,	Bäcker, abw.	1860
3328	— Ernst Joh.	Curt, abw.	1862
3329	— Ernst,	in Rheinfelden	1862
3405	— Georg Wilhelm,	Kübler	1863
3406	— Otto Ludwig	Gottfried	1863
3536	— Richard Gotthilf,	stud., abw.	1865
3537	— Jakob Eduard,	stud., abw.	1865

Bürger-Nr.	Geschlechts- und Taufname, Stand oder Beruf.	Geboren.
1769	Lappe, Joh. Carl Th., Apotheker, in Rolle, Ct. Waadt	1832
3213	— Theodor Moritz Albert, abw.	1860
3330	— Carl Aug. Friedr. Eugen, abw.	1862
3476	— Christof Moritz, abw.	1864
3444	Lehmann, Joh. Friedrich, Schmied	1834
1119	Leu, Heinr. Aug., Porzellanmaler, in Amerika	1824
1197	— Georg Heinrich, Maler, „	1826
1307	— Joh. Georg, Gärtner, abw.	1829
1725	— Alfred, Schlosser, abw.	1837
2079	— Joh. Jakob, Schreiber	1843
2413	— Ferdinand, Kaufmann, abw.	1849
2536	— Joh. Georg, Kellner, abw.	1850
3331	— Georg Robert August, abw.	1862
3477	„ Georg, Chirurg, abw.	1864
2488	Leupp, Johannes, Landwirth, in Amerika	1844
2588	— Heinrich, Landwirth	1848
2751	— Samuel, Landwirth	1851
2624	Liebl, Ernst Ludwig, Spengler	1822
1944	von Liliencron, Carl Friedrich Christian, Apotheker, in Zürich	1834
3185	Lips, Jakob, Pfarrer, in Dorf	1849
3362	Löffel, Michael, Handelsgärtner	1844
2482	Lohrer, Joh. Conrad, Kaufmann	1843
2476	Maag, Heinrich, Ziegelfabrikant	1835
2627	Mader, Georg, Glashändler	1826
3277	— Karl Gustav, Kaufmann, in Paris	1861
1993	Mägis, Herm., Maschinenbauer, in Winterthur	1842
2342	— Albert, Bankdirektor, in Zofingen	1844
2414	— Ernst Johann, Chemiker, in Bucharest	1849
2700	— Franz Theodor, Pfarrer, in Basadingen	1851
593	von Mandach, Georg, in Neunkirch	1808
1012	— Franz, Med. Dr., Stadtarzt	1821
1075	— Ferdinand, Rechnungs-Revisor	1823
1994	— Joh. Adolf	1842
2953	— Franz, Dr. Med.	1855
2138	Mann, Carl Heinrich, Redaktor, in Bern	1839
2590	Manz, Heinrich, Landwirth	1842

Bürger- Nr.	Geschlechts- und Taufname, Stand oder Beruf.	Geboren.
2914	Markun, Johannes, Feilenhauer, in Neuhausen	1832
3276	— Joh. Karl, Zollangestellter	1861
1017	Marquard, Caspar, Hafner, in Eglisau	1821
3271	— Paul Ferdinand, Kaufmann	1861
3271	Martin, Felix Konrad Georg, Bierbrauer, abw.	1864
3513	Mathys, Johann, Städtjäger	1841
375	Maurer, Joh. Heinrich, Pfarrer, abw.	1801
495	— Joh. Jak., Professor, in der Krimm	1802
594	— Johannes, " "	1808
1013	— Jakob, im Spital	1821
1076	— Caspar, Schreiner, in Amerika	1823
1937	— Gottfried, Schneider, abw.	1825
1308	— Joh. Jakob, Uhrenmacher, abw.	1829
1829	— Heinrich, Zeughausarbeiter	1829
1394	— Joh. Jakob, Landwirth	1831
1518	— Robert, Kaufmann	1833
1519	— Joh. Jakob, Schreiner, in Zürich	1833
1796	— J. Conrad, Drechsler	1839
1797	— Jakob, Chirurg, in Amerika	1839
1997	— Carl Alex., Dr. phil. Prof., in Pulli (Waadt)	1843
2343	— Alexander Iwan, Küfer, abw.	1848
2415	— Gottfried Martin	1849
2736	— Hermann Jakob, Ingenieur, in der Krimm	1849
2332	— Robert, Lehrer	1862
3538	— Julius Albinus, Kaufmann, abw.	1865
3539	— Karl Otto, abw.	1865
1798	Maier, Chr. Alb., Landwirth, in Niedermorschweiler	1838
2913	— Carl Joseph, Schalenmacher und Wirth	1838
2885	— Emil Ulrich, Mechaniker, in Rußland	1854
2424	Mayü, Hrch. Frbrch., Kaufmann, in Muri, Bern	1849
2591	Meister, Georg, Landwirth	1816
1198	— Joh. Jakob, im Otterngut	1826
2139	— Georg, Bäcker	1828
2672	— Michael, Schreiner	1840
3087	— Conrad, Schlosser, in Amerika	1858
3207	+ Jakob, Schuhmacher, abw.	1860
3273	— Joh. Heinrich, Photograph, abw.	1861
3274	— Martin, Landwirth	1861

Bürger-Nr.	Geschlechts- und Taufname, Stand oder Beruf.	Geboren.
3407	Meister, Arnold Heinrich, Landwirth	1863
3479	— Albert, Coiffeur, abw.	1864
3540	— Joh., Landwirth, abw.	1865
1309	v. Meyenburg, Anf., Instituteur, in Lausanne	1829
1395	— Alfred, Kaufmann, in Venedig	1831
1556	— Viktor, Bildhauer, in Dresden	1834
3036	— Anselm Otto, in Lausanne	1857
718	Meyer, Jakob, Zimmermann, im Spital	1812
844	— Joh. Bernhard, Metzger	1816
2478	— Conrad, Lohmüller	1817
1178	— Christian, Schreiner, abw.	1826
1352	— Johann Conrad, Kupferschmied	1830
2743	— Peter, Hülfsarbeiter	1831
1438	— Ludw. Heinr., Zimmermann, in Amerika	1832
1617	— Adam, Bäcker, Hauptmann	1832
1520	— Johann, Alexander, Kaufmann, abw.	1833
1557	— Joh. Jak., Schuhmacher, in Nestenbach	1834
1558	— Joh. Alfred, Lokomotivführer, in Freiburg	1834
1614	— Georg Ludwig, Sekretär, in Bern	1835
2240	— Joh., Professor, in Frauenfeld	1835
1651	— Georg, Schriftsetzer	1836
1746	— Jakob Heinrich, Wirth	1838
1799	— Wilh., Maschinenzeichner, in Neuhausen	1839
1853	— Joh. Peter, Ingenieur, in Lausanne	1840
2679	— Heinrich Georg, Buchdruckereibesitzer	1840
2740	— Jakob, Mühlenmacher	1840
2625	— Joh. Jakob, Kantonsförster	1841
2741	— Johannes, Mühlenmacher, in Beringen	1842
2081	— Ferdinand, Registrator	1843
2083	— Jak. Heinrich, Polizeidiener, in Zürich	1843
2177	— Joh. Friedr., Messerschmied, in Chaux-be-Fonds	1844
2230	— Johannes, Landwirth	1844
2626	— Franz, Mechaniker, in Oerlikon	1845
2285	— Carl Robert, Chirurg, in Lyon	1846
2286	— Friedrich, Stadtrathsweibel	1846
2284	— Theodor Heinrich, Xylograph, in Zürich	1847

Bürger- Nr.	Geschlechts- und Taufnahme, Stand oder Beruf.	Geboren.
2928	Meyer, Jakob, Kaufmann	1851
2775	— Georg Ludwig, Gärtner, in Sumatra	1852
2825	— Gottf. Andreas, Buchbinder, in Amerika	1853
2929	— Conrad, Kaufmann, in Paris	1854
2982	— Jakob Heinrich, abw.	1856
3097	— Carl, Lithograph, abw.	1858
3135	— Alfred, Buchbinder	1859
3269	— Joh. Conrad, Bautechniker, abw.	1861
3270	— Albert, Metzger, abw.	1861
3408	— Gottfried Heinrich, in Brasilien	1863
3409	— Gustav, Bäcker	1863
3410	— Gustav Wilhelm, abw.	1863
3480	— Christian, Kaufmann, abw.	1864
3541	— Karl Emil, Optiker, abw.	1865
3542	— Georg Heinrich, Buchdrucker, abw.	1865
409	Mezger, Johannes, Landwirth, in Buchthalen	1802
661	— Joh. Heinrich, Pfründer	1810
882	— Joh. Jakob, Dr. phil., Antistes, Pfarrer in Neuhausen	1817
914	— Franz, Wagner, in Amerika	1818
1014	— Bernhard, Gabelnmacher, in Amerika	1821
1047	— Conrad, Schuhmacher	1822
1747	— Alexander, Schreiner	1838
2178	— Joh. Heinrich, Zeichnungslehrer	1845
2287	— Gottlieb, Kaufmann, in Amerika	1846
2287	— Ferdinand, Lakirer, in Amerika	1847
2416	— Joh. Jakob, Bierbrauer, in New-York	1849
2417	— Joh. Conrad, in Amerika	1849
2418	— Carl, Metzger	1849
2537	— Conrad, Maurer, in Buchthalen	1850
2642	— Heinrich Eusebius, Ingenieur, in Zürich	1851
2643	— Joh. Jakob, Bäcker, in Leibstadt	1851
2826	— Joh. Conrad, Kaufmann, abw.	1853
2827	— Joh. Caspar, Bierbrauer, in Neunkirch	1853
2887	— Conrad, Schuhmacher	1854
2954	— Joh. Jakob, Lehrer	1855
2955	— Georg Eugen, abw.	1855
3098	— Carl Heinrich, Goldarbeiter	1858

Bürger- Nr.	Geschlechts- und Taufname, Stand oder Beruf.	Geboren.
3137	Mezger, Heinrich, Landwirth, in Buchthalen	1859
3138	— Joh. Heinrich, in Brasilien	1859
2925	Möckli, Heinrich, Kaufmann	1842
2291	Morstadt, Eduard Friedrich, Kaufmann	1847
2983	— Robert Hermann, Kaufmann, abw.	1856
662	Moser, Joh., Metzger	1810
943	— =Ott, Joh. Christoph, Regierungsrath	1819
1430	— Joh. Conrad, Zimmermann, in Peru	1832
1695	— Gust. Oskar, Fabrikdirektor, in Voltri	1837
2084	— Carl, Kaufmann, in Genua	1843
2086	— Franz Alfred, Fabrikant, in Feuerthalen	1843
2085	— Georg Heinrich, in Neuhausen	1844
2344	— Emil, Mechaniker, in New=York	1848
2419	— Joh. Heinrich, Metzger	1849
2538	— Albert, Kaufmann, in Genua	1850
2539	— Carl Julius, Mechaniker, in Amerika	1850
2732	— Johannes, Bäcker, in Genf	1851
2701	— Eduard, Kaufmann, in Neapel	1852
3214	— Emil, Kaufmann, abw.	1860
3333	— Ernst, stud. med., abw.	1862
2774	Mosmann, Carl, Kaufmann	1852
3275	— Karl Friedrich, Kellner, abw.	1861
2808	Muhl, Jakob, Schuhmacher	1849
2922	— Konrad, Kaufmann	1850
2593	Müller, Clemens, Lehrer	1815
2738	— Julius Cäsar, Apotheker, abw.	1815
1767	— Joh. Ulrich, Kaufmann, Bürgerrath	1823
1200	— Carl Eduard, Landwirth, in Neunkirch	1826
3070	— Elias, Landwirth	1829
2592	— Carl, Hotelier	1830
1397	— Franz, Bäcker	1831
1398	— Johannes, Med. Dr., in Neunkirch	1831
1399	— Johann Georg, Küfer, in Burgdorf	1831
1636	— Friedrich, Schreiner	1835
1941	— Samuel, Kaufmann	1836
2231	— Johannes, Kartenfabrikant	1837
1748	— Niklaus, Schuhmacher	1838

Bürger- Nr.	Geschlechts- und Taufname, Stand oder Beruf.	Geboren.
2635	Müller, G. Emil, Buchbinder, in St. Gallen	1844
2644	— Ernst Clemens Christ., Stadtrath	1851
2773	— Gustav Adolph, Kaufmann	1852
2984	— Carl Adolf, abw.	1856
3072	— Heinrich, Landwirth	1857
3099	— Carl Adolf	1858
3139	— Franz, Weinhändler, Wirth	1859
3140	— Joh. Carl, Hotelier	1859
3215	— Joh. Heinrich, Schreiner, in Paris	1860
3216	— Richard Julius, Kaufmann, in Bayern	1860
3334	— Heinrich, Koch, abw.	1862
3481	— Karl Joh., Kaufmann	1864
435	Murbach, J. Jakob, Schuhmacher, Pfründer	1803
809	— Joh. Jakob, Vergolder, abw.	1817
980	— Joh. Jakob, Schneider, abw.	1818
981	— Joh. Heinrich, Schlosser, in Amerika	1820
1202	— Georg, Schreiner	1826
1269	— Eduard, Buchbinder in Amerika	1828
1310	— Friedrich, im Spital	1829
1311	— Joh. Jakob, Maler, abw.	1829
1749	— Joh. Heinrich, Giesser, in Uster	1838
1917	— Jakob, Mechaniker	1841
2179	— Franz, Zeug- und Waffenschmied	1844
2288	— Joh. Conrad, Schlosser	1847
2346	— Jakob, Sattler und Tapezierer	1846
2347	— Adam, Steinmetz, in St. Gallen	1848
2420	— Heinrich, Baumeister, Hannover	1849
2888	— Georg, Kaufmann, in Amerika	1854
2985	— Carl Albert, Schreiner	1856
3335	— Georg, Buchdrucker	1862
2645	Neef, Jul. Aug. Wilh., Orgelbauer, in Amerika	1851
1203	Neher-Moser, Joh. Gg., Eisenwerkbesitzer, in Neuhausen	1826
1750	— Georg Robert, Direktor der schweiz. Industrie-Gesellschaft	1838
2180	— Georg Emil, Fabrikbesitzer, in Oesterreich	1845
2289	— Bernhard Arnold, Kunstgärtner	1846
3037	— Joh. Georg, Techniker, in Neuhausen	1857

Bürger-Nr.	Geschlechts- und Taufname, Stand oder Beruf.		Geboren.
3217	Neher, Heinrich Wilhelm,	in Neuhausen	1860
3336	— Karl Oskar,	„	1862
847	Neithardt, Joh. Heinrich, Bäcker,	im Spital	1814
848	— Joh. Matth., Zeichnungslehrer		1816
982	— Bernhard, Maurermeister		1820
1800	— Jakob Gottfried, Verhöramtsdiener		1830
1801	— Sam. C. Fr., Kaufmann, in Wald, Zürich		1838
1918	— Rudolf Maler,	abw.	1841
2087	— Jakob Heinrich, Bildhauer,	in Bern	1844
2423	— Joh. Robert, Photograph,	in Basel	1848
2422	— Albert, Gypser und Stukateur,	abw.	1849
2540	— Johann Jakob, Koch,	„	1850
2541	— Heinrich August, Kellner,	„	1850
2702	— Heinrich Otto, Bierbrauer,	„	1851
2828	— Carl, Architekt		1853
3038	— Joh. Heinrich, Koch		1857
3100	— Jakob Hermann, Kaufm.,	in Ostindien	1858
3218	— Theophil Ernst,	abw.	1860
3337	— Richard Johann,	„	1862
3543	— Arnold, Zahntechniker,	„	1865
3101	Noll, Joh. Heinrich, Lehrer,	in Burgdorf	1858
692	Oechslin, Ferdinand, Kaminfeger,	in Amerika	1811
744	— Franz Joseph, Metzger,	in Genf	1813
781	— Johannes, Schlosser		1813
782	— Joh. Konrad, Schuhm.,	in Amerika	1814
810	— Conrad, Hafner,	in Zürich	1815
916	— Joh. Conrad,	in Spital	1818
983	— Franz, Kaufmann,	in Feuerthalen	1820
1018	— Johann Jakob, Metzger,	im Spital	1821
1083	— Alexander, Schlosser,	in Luzern	1823
1161	— Bernhard Gottfried,	abw.	1825
1204	— Joh. Jakob, Hafner		1826
1234	— Joh. Heinrich, Buchdrucker,	in Lenzburg	1826
1232	— Johann Emanuel, Chirurg,	in Genf	1827
1271	— Melchior, Bäcker,	in Carouge	1828
1312	— Adam, Schuhmacher,	abw.	1829
1313	— Conrad, Holzhändler,	in Basel	1829
1314	— Georg, Bäcker		1829

Bürger- Nr.	Geschlechts- und Taufname, Stand oder Beruf.	Geboren.
1353	Dechslin, Heinrich, Buchbinder, in Australien	1830
1354	— Joh. Heinrich, Hafner, im Spital	1830
1439	— Joh. Conrad, Metallarbeiter, abw.	1832
1521	— Joh. Ludwig, Schmied, „	1833
1522	— Joh. Jakob, Matrose, „	1833
1560	— Joh. Caspar, Fuhrmann, in Amerika	1834
1596	— Carl Eberhard, Seiler	1834
1597	— Joh. Jakob, Maschinenfabrikant	1835
1652	— Joh. Conrad, Wagner	1836
1751	— Martin, Zimmermeister	1838
1803	— Joh. Conrad, Schmied, in Amerika	1839
1872	— Leonhard, Zimmermann, in Hamburg	1840
1873	— Joh. Jakob, in Straßburg	1840
1874	— Conrad, Maurer	1840
1875	— Joh. Jakob, Schreiber	1840
1919	— Joh. Jakob, Goldarbeiter, in Straßburg	1841
1920	— Joh. Conrad, Kaufmann, in Zürich	1841
2000	— Joh. Jak., Gold- u. Silberarbeiter, abw.	1841
2002	— Franz, Cigarrenmacher abw.	1841
2001	— Joh. Conrad, Architekt, Stadtbaumeister	1842
2003	— Carl, Seilfabrikant	1842
2088	— Jakob, Kaufmann, Weinhändler, in Liestal	1843
2089	— Jak. Herm., Maurer, in Griechenland	1843
2090	— Joh. Ludw. Markus, Schlosser, in Genf	1843
2092	— Johann Heinrich, in Amerika	1843
2184	— Johannes, Gärtner, abw.	1844
2185	— Caspar Conrad, Hafner, in Zürich	1844
2183	— Heinrich, Feilenhauer	1845
2186	— Joh. Conrad, Metzger, in Amerika	1845
2182	— Franz Ludwig, Schlosser, in Genf	1845
2187	— Georg Jakob, Marmorist	1845
2293	— August, Schlosser, in Lausanne	1846
2292	— Ferdinand, im Armenhaus	1847
2294	— Franz Martin, Brunnenmeister, in Zürich	1847
2348	— Franz, Kaufmann	1848
2349	— Jakob Theodor, Kaufmann, abw.	1848
2425	— Johann Jakob, Kaufmann in Marthalen	1849
2427	— Wilhelm, in Amerika	1849
2542	— Heinrich, Direktor, Hofen	1850

Bürger-Nr.	Geschlechts- und Taufname, Stand oder Beruf.	Geboren.
2543	Dechslin, Jak. Friedr., Stationsvorst., in Lugano	1850
3118	— Carl Eberhard, Kfm., in Basel	1855
2986	— Heinrich, Chirurg, im Spital	1856
2987	— Wilhelm Emil, Kaufmann, in Budapest	1856
3039	— Emil, Kaufmann, abw.	1857
3040	— Adolf, „	1857
3041	— Heinrich, Metzger	1857
3042	— Heinrich, Bierbrauer, in Stein	1857
3103	— Joh. Georg, Schlosser	1858
3141	— Emil, in Bern	1859
3142	— Carl Christian, Seiler	1859
3219	— Ludwig Carl, Schlosser, abw.	1860
3220	— Julius Conrad, Brunnentechniker	1860
3221	— Arnold, Metzger, abw.	1860
3278	— Hermann, Bäcker, „	1861
3338	— Julius Laurenz, in Genf	1862
3411	— Joh. Jakob, Gärtner, abw.	1863
3412	— Joh. Hermann, Hafner	1863
3482	— Karl, abw.	1864
3483	— Karl Wilhelm, Mechaniker, „	1864
3484	— Rudolf, Sattler, in Amerika	1864
3485	— Joh. Ludwig, abw.	1864
3486	— Konrad, Kaufmann, „	1864
2801	Opprecht, Christian, Kaufmann, in Diessenhofen	1837
783	Oschwald, Ulrich, Pfarrer, abw.	1814
812	— Joh. Heinrich, Honduras	1815
1272	— Gustav, Kaufmann, in Zürich	1828
1315	— Sal. Alfred, Kaufmann, in Lenzburg	1829
1400	— Theodor Medardus, „	1831
1440	— Carl Friedrich, „	1831
2189	— Carl Julius, Med. Dr., in Amerika	1844
2188	— Heinrich, Fabrikant, in Foubay, Elsaß	1845
2295	— Gustav Adolf, Kaufmann, in Turin	1847
3073	— Georg Alfred, Architekt, in Zürich	1848
2429	— Ernst Eduard, abw.	1849
2544	— Georg, Fabrikant, in Foubay	1850
3043	— Conrad Alfred, abw.	1857
3222	— Werner Theodor, „	1860
3339	— Max Severin, „	1862

Bürger-Nr.	Geschlechts- und Taufname, Stand oder Beruf.	Geboren.
3487	Oschwald, Gustav Albert,	abw. 1864
2829	Osterrieth, Ludw. Franz, Kaufmann, in Köln	1853
438	Ott, Georg Heinrich, Kaufmann, Major	1802
7693	— Alb., Dr. Phil., Professor am Gymnasium	1811
1206	— Joh. Heinrich, in Paris	1816
1120	— Conrad, Kaufmann, in Amerika	1824
1205	— Joh. Jakob, Kaufmann, „	1826
1235	— Joh. Georg, Kaufmann, „	1827
1669	— Carl Ferdinand, Sattler, „	1836
1921	— Carl Jakob, Ingenieur, in Alexandrien	1839
2191	— Arnold Alb., Med. Dr., in Luzern	1840
2093	— Gg. Frdr., Mechaniker, in Philadelphia	1842
2094	— Ernst Ferd., Kaufmann, in Amerika	1844
2095	— Georg Heinrich, Farmer, „	1844
2190	— Joh. Conrad, Kaufmann, in St. Gallen	1845
2350	— Paul Heinrich, Mechaniker, abw.	1845
2545	— Arthur Conrad, Kaufmann, in Locle	1850
2646	— Theob. Heinr., Kaufmann, in Manilla	1851
2703	— Conrad Albert, Mechaniker, in Mailand	1852
2830	— Max Ernst, Kaufmann, in Alexandrien	1853
2988	— Aug. Herm., Kaufmann „	1856
3223	— Emil Harlow, in Amerika	1860
786	Peyer, Ferdinand Ludwig, Waiseninspektor	1814
1084	— Carl Ferdinand, Kaufmann, in London	1823
1121	— Friedr. Max, in Württemberg	1824
1634	— August Otto, Kaufmann, in Zürich	1835
1804	— Alfred, Geniestabsoffizier, in Bern	1839
2005	— Bernh. Ludw.	1842
2192	— Rudolf, Kaufmann, abw.	1844
2296	— Johann Bernhard, Fabrikant	1847
2431	— Gustav Paul, Redaktor, in Basel	1849
3224	— Conrad Ludwig Max	1860
883	Peyer im Hof, Friedr., alt Nationalrath, in Ungarn	1817
1316	— Friedrich, Offizier, in Batavia	1829
1523	— O. Eduard Matth., in Bern	1833
2006	— Georg Friedr., Architekt, abw.	1842
1956	Pfaff, Joh. Ad., Dr. Phil., Professor in Karlsruhe	1820

Bürger-Nr.	Geschlechts- und Taufname, Stand oder Beruf.		Geboren.
380	Pfau, Johann Jakob, Goldarbeiter		1801
1019	— Joh. Jakob, Schiffmacher,	im Spital	1821
1020	— Joh. Jakob, Schreiner,	abw.	1821
1356	— Joh. Conrad, Maler,	in Amerika	1830
1524	— Heinrich, Kaminfeger		1833
1653	— Joh. Jakob, Bankdirektor,	in Aarau	1836
1721	— Andreas, Schuhmacher		1837
2432	— Joh. Heinrich, Schleifer		1848
2547	— Jakob Robert, Schreiner,	in Zürich	1850
2705	— Emil, Matrose,	in Kanada	1852
2831	— Ernst Georg,	in Egypten	1853
3067	— Joh. Felix,	abw.	1857
3544	— Joh. Jakob, Kaufmann,	„	1865
1085	Pfeiffer, Joh., Fabrikant		1823
2706	— Joh. Hermann, Kaufmann,	in Paris	1851
2832	— Arnold, Gerber		1853
2989	— Ludwig, Architekt,	in St. Gallen	1856
3143	— Carl, Kaufmann		1859
2396	Pfersich, Laurenz,' Kaufmann		1838
1454	Pfister, Joh. Rudolf, Missionar,	in Amerika	1802
694	— Carl, Hafner,	in Stäfa	1811
695	— Conrad, Sattler		1811
787	— Conrad, Buchbinder,	in Paris	1814
918	— Bernhard, Fabrikbesitzer		1818
1048	— Joh. Martin,	in Amerika	1822
1086	— Joh. Hermann, Kaufmann		1823
1122	— Carl Rudolf, Stadtrathspräsident		1824
1162	— Joh. Heinrich, Schlosser,	in Amerika	1825
1237	— Franz, Schriftsetzer,	in Biel	1827
1273	— Johann Heinrich, Kaufmann,	in Basel	1828
1357	— Alexander, Privatier,	abw.	1829
1358	— Heinrich, Briefträger		1830
1359	— Joh. Georg, Verwaltungsgehülfe		1830
1441	— Johann Conrad, Gerber,	in Amerika	1832
1598	— Georg, Metzger		1835
1696	— Joh. Georg, Postbureaudiener		1837
1805	— Jakob, Schlosser,	in Amerika	1839
1806	— Arnold,	„	1839

Bürger-Nr.	Geschlechts- und Taufname, Stand oder Beruf.		Geboren.
1877	Pfister, Carl, Kaufmann,	in Livorno	1840
2007	— Joh. Heinrich, Mechaniker,	in Bern	1841
2008	— Gustav Heinrich, Sattler		1842
2097	— Carl, Tapezierer,	abw.	1844
2351	— Hermann, Mechaniker,	in Amerika	1847
2549	— Johann Martin, Schmied,	abw.	1849
2548	— Carl Albert, Kaufmann,	in Neapel	1850
2707	— Joh. Conrad, Kaufmann,	in Livorno	1852
2776	— Bernhard Adolf, Chemiker		1852
2956	— Gottlieb Hermann, Kaufmann		1855
3044	— Friedrich, Schmied,	abw.	1857
3413	— Alexander		1863
3414	— Jakob Otto, Gärtner,	abw.	1863
3415	— Carl Alfred, Kaufmann		1863
2915	Pletscher, Conrad, Schlosser		1851
2137	Preu, Friedr. Casp. Eberhard, Apotheker	abw.	1835
3178	Ragatz, Conrad, Baumeister		1835
3177	— Georg, „		1842
1317	Rahm, Adam, Aufseher im Spital		1829
1922	Rausch, Franz Arthur, Rentier		1841
696	Rauschenbach, Heinrich, Pfrünrer		1811
852	— Michael, Schuhmacher		1816
1360	— Joh. Jakob, Kaufmann,	in Neapel	1816
944	— Joh. Heinrich, Conditor,	in Amerika	1819
1492	— Alex. Gaudenz, alt Portier		1825
1023	— Carl, Spengler,	in Wien	1830
1477	— Joh. Georg, Kostgeber		1832
1561	— Christ. Jakob, Schreiner,	in Zürich	1834
1698	— Bernhard, Gastwirth		1837
2009	— Joh. Ludwig, Kaufmann,	in Neuchatel	1841
2433	— Georg Heinrich, Mechaniker		1849
2990	— Johannes, Fabrikbesitzer		1856
3416	— Bernhard, Lehrer		1863
3443	Rebmann, Leopold, Wirth		1843
2648	Rehm, Heinrich Adam, Kaufmann,	in Paris	1851
2991	— Gustav Alfred		1856
3104	Reifer, Gottlieb Felix,	in Amerika	1858
3225	— Emil, Bäcker,	abw.	1860

Bürger-Nr.	Geschlechts- und Taufname, Stand oder Beruf.	Geboren.
3340	Reifer, Hermann, Kaufmann, abw.	1862
3367	Reinfried, Hermann, Sattler	1843
2135	Reutemann, Carl Ulrich, Küfer, abw.	1839
1238	Ringk v. Wilbenberg, E. Gottl. Conr., Baumeister, in Texas	1827
2550	— Emil, Gasdirektor	1850
2010	Ritzmann, Joh. August, Kaufmann	1842
2297	— Robert Emil, Med. Dr.	1847
3011	Robichon, Paul, Gärtner, abw.	1853
2394	Roost, Joh. Georg, Pfründer	1814
2041	— Simon, Hafner, in Dießenhofen	1828
2629	— Conrad, Landwirth	1832
2484	— Joh. Jakob, Maler	1845
3144	— Heinrich Simon, Hafner, in Dießenhofen	1859
3279	— Konrad, Gärtner, abw.	1861
3488	— Jakob, Landwirth, „	1864
1163	Roth, Georg, Schalenmacher, in Stein	1825
3167	Rüegg, J. Jakob, Pedell	1825
2596	Rüger, Joh. Jakob, Waisenvater	1817
3012	— Heinrich, Maurer	1828
2043	— Joh. Georg, Konkursrichter	1829
2733	— Daniel, Lehrer, in Schlesien	1849
2777	— Johannes, Kaufmann, in Winterthur	1852
920	Ruh, Joh. Wilhelm, im Spital	1818
2889	— Conrad, Hafner, abw.	1854
3105	— Conrad, Schlosser, abw.	1858
2193	Rumpus, Erb. Adolf, Küfer und Bierbrauer, in Frauenfeld	1845
2434	— Christoph Friedrich, Bierbrauer	1849
2498	Russenberger, Heinrich, Privatier	1805
2598	— Jakob, Bäcker	1832
2038	— Eduard, Nord-Ost-Bahndirektor, in Zürich	1834
2499	— August, Geschäftsagent	1838
2500	— Gottlieb, Kaufmann in Zürich	1845
2501	— Theodor, Bankdirektor	1847
2957	— Joh. Jakob, Bäcker	1855
3045	— Heinrich, Schreiner, abw.	1857
3281	— Joh. Georg, „	1861
817	Schachenmann, Johannes, Spengler, in Biel	1815

Bürger- Nr.	Geschlechts- und Taufname, Stand oder Beruf.	Geboren.
1088	Schachenmann, Andreas, Küfer	1823
1241	— Joh. Conrad, im Spital	1827
1406	— Johann Heinrich, Confiseur	1831
1675	— Johann Jakob, Metzger	1836
2016	— Alfred, Lehrer, in Rußland	1842
2017	— Joh. Ferdinand, Koch, in Innsbruck	1842
2102	— Joh. Heinrich, Kaufmann, in Wien	1844
2352	— Martin Emil, in Genf	1848
3068	— Otto, Kaufmann, in Biel	1851
2711	— Johann Heinrich, Küfer, „	1852
2779	— August Hermann, Kaufmann, abw.	1852
2780	— Albert, Küfer	1852
2893	— Hermann, Confiseur	1854
2959	— Jakob Ferd., Gürtler, abw.	1855
3107	— Carl Theodor, in Amerika	1858
3147	— Carl Wilh. Andreas, in Wien	1859
3283	— Emil, Müller, abw.	1861
3284	— Heinrich, Confiseur	1861
2781	Schaffiz, Emil Ernst, Agent	1852
2599	Schäfle, Matthias, Kaufmann	1839
3369	— Jean, Kaufmann	1840
415	Schalch, Alexander, Weißgerber	1802
440	— Joh. Jakob, Maurermeister	1803
669	— Joh. Heinrich, Privatier	1810
789	— Joh. Friedrich, Porzellanmaler, abw.	1814
818	— Ferdinand, Wirth	1815
854	— Ferdinand, Reallehrer	1816
986	— Laurenz, Gärtner	1820
1208	— Joh. Jakob, Schlosser, in Amerika	1824
1210	— Joh. Jakob, Gärtner, in Basel	1826
1319	— Joh. Rud., Etuisfabrikant	1829
1361	— Joh. Conrad, Landwirth, z. Sommerau	1830
1362	— Alexander, Buchdrucker, im Spital	1830
1408	— Joh. Jak., Gärtner, Pfründer	1831
1409	— Joh. Heinrich, Gerber	1831
1528	— Johannes, Landwirth, in Amerika	1833
1529	— Joh. Conr., Siebmacher, „	1833
1530	— Joh. Martin, Maurer, „	1833
1568	— Johannes, Landwirth z. Kronengut	1834

Bürger-Nr.	Geschlechts- und Taufname, Stand oder Beruf.	Geboren.
1603	Schalch, Christian, Bäcker, in Nancy	1835
1656	— Benjamin, in Amerika	1836
1702	— Joh. Conrad, Schlosser	1837
1753	— Joh. Heinrich, Zimmermann	1838
1754	— Joh. Heinrich, Flachmaler, in Neuhausen	1838
1809	— Christoph Friedr., Gerber, in Amerika	1839
1879	— Joh. Konrad, Kaufmann, in Zürich	1841
2018	— Heinrich Emil, Bankier	1841
2104	— Conrad, Mechaniker abw.	1843
2196	— Christian, Photograph, abw.	1844
2197	— Heinrich Eduard, Hutmacher, „	1844
2304	— Gustav Adolf, Kaufmann, in Luzern	1847
2354	— Joh. Ferdinand, Dr. phil., Staatsgeolog in Leipzig	1848
2659	— Carl Heinrich, Gärtner, in Neuseeland	1850
2714	— Jakob Emil, Schalenmacher, in Stein	1851
2836	— Joh. Heinrich, Gerber	1853
2837	— Ludw. Friedrich, Schuster, in Motiers	1853
2838	— Heinrich Bernhard, Gerber, abw.	1853
2894	— Adolf, Kaufmann, in Genf	1854
2995	— Conrad, Apotheker, abw.	1856
3048	— Carl Theodor, Landwirth, „	1857
3230	— Joh. Rudolf, Etuisfabrikant, in Zürich	1860
3285	— Heinrich, Landwirth	1861
3286	— Heinrich, Zuckerbäcker, abw.	1861
3420	— Gottfried, Bäcker, „	1863
3493	— Joh. Georg, Conditor, „	1864
3494	— Robert, Maurer, „	1864
3495	— Joh. Heinrich, Mechaniker, „	1864
3503	Schatzmann, Paul	1864
2507	Scheck, Jakob, Landwirth, in Buchthalen	1836
3370	Scheffmacher, Friedrich, Chemiker	1837
1320	Schelling, Bernhard, Lohmüller	1829
3069	— Alexander, Staatsschreiber	1841
2198	— Joh. Rudolf, Xylograph, in Amerika	1845
2304	— Gottfried, Kaufmann	1846
2305	— Joh. Hr., Maler u. Lakirer in St. Gallen	1846
2353	— Joh. Georg, Kaufmann	1848
2439	— Albert, in San Franzisko	1849

Bürger-Nr.	Geschlechts- und Taufnahme, Stand oder Beruf.	Geboren.
3287	— Jakob Emil, in Amerika	1861
3496	— Bernhard, Kaufmann, abw.	1864
416	Schenk, Georg Heinrich, Messerschmied	1802
1363	— Joh. Conrad, Metzger	1830
1410	— Bernhard Melchior, Müller	1831
1432	— Joh. Jak., Uhrenmacher, in Constantine	1832
1531	— Bernhard, Gärtner, in Stein	1833
1569	— Jakob, Hafner,	1834
1755	— Georg Heinrich, Kaufmann, in Couvet	1838
1810	— Joh. Jakob, Kaufmann, in Luzern	1839
1811	— Georg Heinrich, Mechaniker, in Stein	1839
2019	— Friedr. Wilh., Schalenmacher, in Locle	1842
2020	— Carl, Schlosser	1842
2021	— Joh. Martin, Schreiner	1842
2105	— August Albert, Messerschmied	1844
2916	— Joh. Jakob, Gärtner	1849
2555	— Robert, Kaufmann, abw.	1850
3108	— August, Gärtner, in Stein	1858
3288	— Karl Friedr., abw.	1861
3421	— Bernhard, „	1863
3547	— Theodor, Müller, „	1865
888	Schenkel, Johannes, Pfarrer, in Wilchingen	1817
1364	— Joh. Jak., Pfarrer, Schulrathspräsident	1830
1444	— Rud. Friedr., Kaufmann, in Dießenhofen	1832
1657	— August Hermann, in Australien	1836
1703	— Johann, Kaufmann	1837
2106	— David Bernhard, Pastor, in Bremen	1844
2199	— Carl Joh., Ministerialrath, in Karlsruhe	1845
2782	— Joh. Gottfried, Pfarrer, in Osterfingen	1852
2996	— Franz, Kaufmann, in London	1856
3289	— Albert Friedrich, abw.	1861
3343	— Joh. Heinrich, „	1862
3422	— Hans Emil, „	1863
3548	— Hermann, Metzger, „	1865
304	Scherrer, Joh. Heinrich, Drechsler, in Neunkirch	1798
699	— Johann Heinrich, Obergerichtspräsident in Neunkirch	1811
855	— Joh. Peter, Spengler, in Amerika	1816
889	— Jak., Küfer, in Neunkirch	1817

Bürger-Nr.	Geschlechts- und Taufname, Stand oder Beruf.		Geboren.
891	Scherrer, Jakob Gottfried, Spengler		1817
949	— Philipp, Landw. u. Schlosser,	in Neunkirch	1819
1025	— Johannes, Schmied,	„	1821
1053	— Johannes, Pyrotechniker,	„	1822
1090	— Eduard, Silberarbeiter,	in Amerika	1823
1127	— Joh. Hrch., Uhrenmacher,	abw.	1824
1128	— Joh. Heinrich, Kaufmann		1824
1166	— Philipp, Müller,	abw.	1825
1212	— Johannes, Landwirth,	in Neunkirch	1826
1242	— Jakob,	im Spital	1827
1243	— Joh. Jakob, Metzger,	in Neunkirch	1827
1277	— Joh. Jakob, Bäcker,	in Neuhausen	1828
1445	— Wilhelm Georg,	abw.	1832
1639	— Wilhelm, Bierbrauer		1835
1676	— Joh. Georg, Landwirth,	in Neuhausen	1836
1757	— Bernhard, Seifensieder,	in Amerika	1838
1813	— Adam, Uhrenmacher,	in Lyon	1839
2024	— Joh. Heinrich, Reallehrer,	in Beringen	1841
2022	— Johannes, Landwirth,	in Neunkirch	1842
2023	— Joh. Hch., Messerschmied,	„	1842
2107	— Jakob, Verwaltungsgehülfe		1843
2108	— Heinrich, Bäcker,	in Neunkirch	1844
2200	— Julius, Schalenmacher,	abw.	1845
2201	— Johannes, Schuhmacher,		1845
2202	— Joh. Friedrich, Kaufmann		1845
2306	— Gottlieb, Metzger,	in Neunkirch	1846
2307	— Gottlieb, Küfer,	„	1846
2308	— Johannes, Mechaniker,	„	1847
2355	— Adolf, Färber,	„	1848
2357	— Joh. Eduard, Bierbrauer,	abw.	1848
2932	— Adolf, Mechaniker,	„	1851
2933	— Albert,	in Neunkirch	1852
2712	— Joh. Jakob, Spengler		1852
3572	— Jakob, in Leimnau, Württemberg		1853
2895	— Johannes, Lithograph,	in Amerika	1854
2896	— Fr. Robert, Prof. d. Math., i. Frauenfeld		1854
2930	— Theodor, Landwirth,	in Neunkirch	1854
2931	— Heinrich,	in Amerika	1854
3571	— Hermann, Müller, in Leimnau in Württ.		1856

Bürger-Nr.	Geschlechts- und Taufname, Stand oder Beruf.		Geboren.
3049	Scherrer, Friedrich, Parfümeur		1857
3050	— Wilhelm		1857
3149	— Albert,	abw.	1859
3231	— Alfred	„	1860
3232	— Joh. Hermann,	„	1860
3233	— Albert,	„	1860
3290	— Peter Gottfried, Kaufmann,	„	1861
3344	— Jakob, Schmied,	„	1862
3345	— Carl,	in Amerika	1862
3423	— Carl,	in Neunkirch	1863
3424	— Eduard, stud. theol.,	abw.	1863
3425	— Martin Julius,	in Rußland	1863
3497	— Hermann Karl,	„	1864
3549	— Niklaus Hugo,	„	1865
2657	Schick, Christ. Gottlieb, Mechaniker		1836
3427	— Karl Emil, Mechaniker,	abw.	1863
2600	Schilling, Joh. Georg, Schreiner		1819
2785	— Joh. Georg, Schreiner		1852
3013	Schildknecht, Matthias, Korbmacher,	im Spital	1809
413	Schlatter, Jakob, Förster,	in Beringen	1802
529	— Hs. Conrad,	in Altona	1806
725	— Joh. Jakob		1812
820	— Joh. Georg, alt Schuster,	im Spital	1815
892	— Joh., Bauamtsarbeiter		1817
2040	— Conrad, Gärtner		1820
1092	— Hs. Jakob, Schneider,	abw.	1823
1129	— Gottl. Carl, Kaufmann,	in Pest	1823
2601	— Heinrich, Landwirth,	im Thalberg	1823
1167	— David Jakob, Uhrenmacher		1824
1093	— Hs. Jakob, Bauamtspedell		1827
1938	— Joh. Gottl., Maler,	in Bern	1827
2630	— Johannes, Privatier,	in Feuerthalen	1827
1281	— Conrad, Wagner,	abw.	1827
2503	— Adam, Landwirth		1828
1280	— Caspar, Taglöhner		1828
1724	— Carl Friedrich, Hülfsarbeiter		1828
1322	— Joh. Jakob, Pfläfterer		1829
2631	— Joh. Jakob, Spezereihändler		1830

Bürger-Nr.	Geschlechts- und Taufname, Stand oder Beruf.	Geboren.
1412	Schlatter, Joh. Heinr., Kaufm., in Australien	1831
1462	— Gottfried, Kübler, abw.	1832
1532	— Jakob, Taglöhner, in Amerika	1833
1533	— Heinrich, Wirth, in Zürich	1833
1534	— Simeon, abw.	1833
1535	— Johannes, Landwirth, in Herblingen	1833
1571	— Joh. Conrad, Schriftsetzer, abw.	1834
1572	— Jakob, im Spital	1834
1606	— Joh. Hrch., Gärtner	1834
1605	— Joh. Caspar, im Spital	1835
1643	— Joh. Georg, in Amerika	1835
2486	— Joh. Jakob, Landwirth	1835
1704	— Bernhard, Wagner	1837
1705	— Franz Joh., Kaufmann, abw.	1837
2602	— Jakob, Briefträger	1837
2661	— Alexander, Färber, in Offingen	1837
1883	— Carl Severin, Pfläfterer, in Bern	1838
1884	— Bernhard, Med. Dr., in Amerika	1840
1885	— Heinrich, im Armenhaus	1840
1925	— Heinrich, Förster, in Aazheim	1841
2204	— Martin, im Spital	1844
2205	— Johannes, Zimmermann, in Feuerthalen	1845
2309	— Johannes, Förster, in Beringen	1846
2311	— Carl, Landwirth	1846
2358	— Johannes, Zimmermann, abw.	1848
2359	— Johannes, in Herblingen	1848
2360	— Bernhard, Bäcker	1848
2461	— Friedrich, im Armenhaus	1849
2713	— Johannes, Zimmermann, abw.	1851
2798	— Jakob, Taglöhner, „	1852
2783	— Wilhelm Conrad, Gärtner, „	1852
2897	— Jakob, Bäcker, in Amerika	1854
2960	— Jakob Carl, Uhrenmacher, abw.	1855
2997	— Johannes, Müller, abw.	1856
3051	— Joh. Jakob, Vergolder, in Basel	1857
3109	— Johann, Landwirth, in Gennersbrunn	1858
3150	— Heinrich, Buchbinder, in St. Gallen	1859
3237	— Heinrich, Kaufmann, abw.	1860
3238	— Friedrich Conrad, Maler, in Basel	1860

Bürger-Nr.	Geschlechts- und Taufname, Stand oder Beruf.		Geboren.
3291	Schlatter, Eugen Otto, Apotheker,	in Bern	1861
3292	— Conrad, Landwirth,	in Amerika	1861
3293	— Joh. Hrch., Landwirth, in Genners- brunn		1861
3426	— Karl Georg,	abw.	1863
3550	— Johannes, Kellner,	abw.	1865
3551	— Friedrich Albert,	in Bern	1865
3552	— Ludwig Jakob, Mechaniker		1865
2793	Schlumberger, Alphons, Kaufmann, in Mühlhausen		1826
2795	— Georg Emil, Med. Dr., in	„	1850
2842	— Jul. Victor, Kaufmann,	„	1853
3151	— Jul. Egmond, Kaufmann,	„	1859
1886	Schmied, Dominikus, Wirth		1822
1095	— Alexander, Schuster		1823
1213	— Joh. Caspar, Maler,	abw.	1826
3014	— Ulrich, Metzger		1843
2840	— J. Albert, Müller,	in Amerika	1853
3052	— Joh. Heinrich		1857
3553	— Josef Hermann, Küfer,	abw.	1865
3168	Schneider, Jakob, Maurer		1824
2676	— Jakob, Wirth		1835
3181	— Heinrich, Uhrenmacher		1839
3186	— Josef, Gipser		1841
3554	— Johann, Bäcker,	in Amerika	1865
3445	Schneckenburger, Joh., Kaufmann		1835
443	Schnetzler, Rudolf, Schreiner,	abw.	1803
726	— Isaak, Schneider,	in Ofen	1812
950	— Joh. Heinrich, Kaufmann		1819
1244	— Joh. Wilhelm, Geometer,	in Winterthur	1827
1365	— Joh. Martin,	in Amerika	1830
1414	— Jakob Heinrich, Metzger,	abw.	1831
1418	— Conrad, Küfer,	abw.	1831
1573	— Joh. Michael, Bandagist		1834
1574	— Joh. Georg, Schuhmacher		1834
1706	— Gottfried Hrch., Schuhmacher,	in Amerika	1837
1814	— Conrad,	im Spital	1838
1815	— Joh. Leonhard, Schmied,	in Toulon	1839
1816	— Ferdinand, Schlosser,	im Spital	1839

Bürger- Nr.	Geschlechts- und Taufname, Stand oder Beruf.	Geboren.
1887	Schnetzler, Joh. Conrad, Schmied, in Amerika	1839
2206	— Gottlieb, Agent	1845
2998	— J. Heinrich, Gerber, in Amerika	1856
2999	— Philipp Wilhelm, abw.	1856
3053	— Joh. Heinrich, Geometer abw.	1857
3110	— Joh. Bernhard, in Bern	1858
3152	— Heinrich, Kaufmann	1859
3153	— Joh. Hugo, Kaufmann, in Amerika	1859
3498	— Arnold, Metzger, abw.	1864
2504	Schoch, Carl August, Buchhändler	1832
3499	— Carl, Buchhändler, in Zürich	1864
3509	— Heinrich Gustav, Dr. jur., Ständerath	1841
2603	Schoop, Emanuel, Kaufmann, in Zürich	1824
3234	— Karl Emanuel, Kaufmann, „	1860
3294	— Paul Bernhard, Mechaniker, „	1861
2485	Schöttli, Joh. Georg, Wirth	1814
2663	Schubel, Jakob, Hafner	1819
3074	— Johann	1832
2799	— Johannes, Bäcker, in Zürich	1837
3015	— Joh., Packer	1847
2841	— Carl Tobias, Hafner, in Amerika	1853
2961	— Walter, Gottfried, abw.	1855
3346	— Wilhelm in Zürich	1862
3500	— Joh. Jakob, Schlosser, abw.	1864
3501	— Johannes, Lehrer, abw.	1864
2604	Schuler, Johannes, Landwirth, im Thalberg	1817
2605	— Jakob, Landwirth	1845
1480	Schupp, Joh. Conrad, Heizer	1830
3347	— Conrad, Coiffeur,	1862
2862	Schwabe, Gustav Adolph, Kaufm., in Moskau	1852
3502	— Georg Theodor Karl, in Berlin	1864
924	Schwarz, Wilhelm, Schreiner	1818
2025	— Caspar Heinrich, Kaufmann, abw.	1842
2312	— Carl Johannes, Maurer, abw.	1847
2463	— Joh. Georg, Bahnbeamter	1849
2715	— Friedrich Wilhelm, Postbeamter	1852
2784	— Gebhard Ernst, Bahnangestellter	1852
3111	— Caspar Ludwig, Schreiner	1858
3348	— Carl Ferdinand, Schlosser	1862

Bürger-Nr.	Geschlechts- und Taufname, Stand oder Beruf.		Geboren.
3555	Schwarz, Wilhelm, Maler,	abw.	1865
1130	Schwarzmann, Martin, Hafner,	abw.	1824
1324	— Jakob, Hafner,	abw.	1829
3235	— Carl		1860
728	Schweizer, Joh. Grg., alt Bezirksgerichtsweibel		1812
2716	— Joh. Heinrich, Steinmetz,	abw.	1851
2900	— Casp. Gottfried, Hutmacher,	abw.	1854
3295	— Karl Jakob, Schlosser,	in Paris	1861
1562	Sereta v. Zavorzi, G. E., Schlosser,	abw.	1834
2099	— Joh. Gottlieb, Bierbrauer,	in Rußland	1843
1123	Seiler, Joh. Jak., Kupferschmied,	in Unterhallau	1824
1165	— Alexander Gottl., Steinmetz,	in Amerika	1825
1239	—. Johann Heinrich, Tapezierer		1827
1274	— Joh. Gottfried, Kunstmaler,	in Amerika	1828
1318	— Joh. Conrad, Drechsler,	in Unterhallau	1829
1564	— Joh. Jakob,	im Spital	1834
1599	— F. August, Goldarbeiter,	in Luzern	1835
1637	— Gottlieb, Briefträger		1835
2011	— Bernhard, Thierarzt,	in Bibern	1842
2012	— Johannes, Büchsenmacher,	abw.	1842
2298	— Johann Georg, Chirurg,	in Amerika	1845
2299	— Rudolf, Schlosser,	in Genf	1846
2435	— Franz, Techniker,	abw.	1849
2709	— Hermann Georg, Buchhändler,	in Genf	1851
3106	— Conrad Gottfr., Schalenmacher,	in Renan	1858
3226	— Adolf Heinrich,	„	1860
3417	— Heinrich, Tapezierer,	abw.	1863
3418	— Arnold, Gießer		1863
3489	— Joh. Conrad, Bäcker,	abw.	1864
3490	— Joh. Gottfried,	abw.	1864
3545	— Aug. Robert,	in Luzern	1865
1957	Sender, Friedrich, Wagner		1835
885	Siegerist, Joh. Jakob, Conditor		1817
866	— Joh. Georg, alt Metzger		1817
1050	— Joh. Conrad, Obergerichtsweibel		1822
1207	— Joh. Heinr., Zollsekretär,	in Basel	1826
1275	— Franz, Bäcker,	in Amerika	1828
1402	— Conrad, Kaufmann,	in Paris	1831
1403	— Laurenz, Müller		1831

Bürger- Nr.	Geschlechts- und Taufname, Stand oder Beruf.	Geboren.
1431	Siegerist, Joh. Heinrich, Weinhändler	1832
1490	— Jakob, Landwirth	1832
1565	— Martin, Bäcker z. Brückli	1834
1672	— Carl Bernhard, Lederhändler	1836
1700	— Joh. Heinrich, Kaufmann, in Ungarn	1837
2013	— G. Heinrich, Stadtpolizeisekretär	1842
2194	— Bernhard Eduard, Kaufmann	1844
2301	— Carl Erd. Beneb., eidg. Oberst, in Bern	1846
2300	— Ludwig August, Kaufmann,	abw. 1847
2992	— Gottfried, Kaufmann,	abw. 1856
3046	— Carl Jakob, Landwirth	1857
3145	— Ernst Heinrich, Kaufmann,	abw. 1859
3146	— Heinrich, Mechaniker,	abw. 1859
3282	— Ernst Lauenz, Architekt,	abw. 1861
3341	— Wilhelm, Küfer,	abw. 1862
3419	— Laurenz, Landwirth	1863
2552	Sigel, Franz Richard, Goldarbeiter, in Rußland	1850
1943	Sigg, Jakob, Schuhmacher	1814
1087	— Joh. Heinrich, Spengler, im Spital	1823
1566	— Joh. Heinrich, Kutscher	1834
1673	— Joh. Georg, Kaufmann	1836
2302	— Jakob, Schuhmacher	1847
2436	— Conrad, Mechaniker,	abw. 1848
2553	— Joh. Georg, Installateur	1850
2833	— Heinrich, Schriftsetzer, in Konstanz	1853
2859	— Wilhelm, Schuhmacher	1853
3148	— Joh. Jakob, Gärtner,	abw. 1859
3227	— Hermann Heinrich, Kaufm., in Marseille	1860
3228	— Carl, Schuhmacher	1860
3342	— Eugen, Metzger,	abw. 1862
1674	Simmler, Friedrich, Maurer	1836
1808	— Jakob, Zimmermann	1839
2014	— Wilhelm, Maurer	1841
2512	— Johannes, Schalenmacher	1847
3546	— Wilhelm, Fabrikarbeiter	1865
3368	Soltau, Hs. Wilhelm Thies, Goldarbeiter, in Pforzheim	1839
3492	— Carl Eduard, Kaufm.,	abw. 1864
1051	Sorg, Joh. Caspar, im Spital	1822

Bürger- Nr.	Geschlechts- und Taufname, Stand oder Beruf.	Geboren.
1125	Sorg, Joh. Jakob, in Neuhausen	1824
1527	— Joh. Conrad, Bauführer	1833
2015	— Joh. Heinrich, Stadtpolizeiadjunkt	1842
2437	— Joh. Jakob, Büchsenmacher, in Neuhausen	1849
2649	— Johannes, Eisendreher	1851
2710	— Jakob Julius, Stadtrathsweibel	1851
2778	— Albert, Drechsler, in Neuhausen	1852
2891	— Carl Daniel, Landwirth, im Oberndorf	1854
2892	— Ferdinand, Giesser, abw.	1854
2993	— Otto Richard, Coiffeur	1856
3047	— Gottlob, Giesser	1857
3229	— Joh. Heinrich, Zeichner, abw.	1860
481	Spahn, Joh. Jakob, Mandatar	1804
506	— Joh. Jakob, im Spital	1805
701	— Melchior, Bäcker	1811
731	— Joh. Heinrich, Pfründer	1812
752	— Georg, alt Stadtförster, Pfründer	1813
827	— Adam, Portier, im Spital	1815
857	— Joh., Strohflechter, im Spital	1816
993	— Hans Martin, Maler	1820
994	— Hans Martin, Lithograph, in Amerika	1820
995	— Johannes, Küfer,	1820
1056	— Hs. Jakob, Landwirth, im Sandlöchli	1822
1098	— Joh. Jakob, Spengler, abw.	1823
1099	— Isaak, Lehrer	1823
1286	— Joh. Heinrich, Schreiner	1828
1679	— Franz, Maler	1834
1610	— Heinrich, Landwirth	1835
1710	— Jakob, Landwirth im Spiegelgut	1837
1891	— Conrad, Feilenhauer, in Strassburg	1840
1892	— Joh. Heinr., Landwirth im Spiegelgut	1840
1927.	— Hermann, Kaufmann, in Newyork	1841
2128	— Joh. Heinrich, Landwirth, in Gruben	1843
2212	— Joh. Robert, Kaufm., in San Franzisko	1845
2315	— Johann Heinrich, Bäcker, in Basel	1846
2316	— Johannes, Ingenieur	1846
2607	— Joh., Waisengerichtssekretär	1848
2958	— Joh. Jakob, Hafner, abw.	1855

Bürger-Nr.	Geschlechts- und Taufname, Stand oder Beruf.	Geboren.
3428	Spahn, Carl Alfred, Jurist,	abw. 1863
3556	— Heinrich Emanuel, stud.,	„ 1865
3557	— Joh. Heinrich, Landwirth	1865
3558	— Jakob, Landwirth	1865
858	Speißegger, Carl, Sattler	1816
1404	— Joh. Conrad, Bürstenbinder	1831
2113	— Ludwig Eduard, Tapezierer	1843
2317	— Hermann Theodor, Kaufmann	1847
2464	— Carl Gustav, Sattler, in Reims	1848
2559	— Ernst, Kaufmann, in Pest	1850
2720	— Rudolph, Hôtelbirektor, in Neapel	1852
2844	— Hermann Ulrich, Kaufmann, in Stein	1851.
2901	— Carl Gottfried, Koch, in Paris	1854
3236	— Joh. Heinrich, Gärtner,	abw. 1860
954	Spengler, Joh. Georg, Waffenschmied	1819
1171	— Joh. Conrad, Lithograph, in Frauenfeld	1825
1246	— Joh. Heinrich, Schreiner,	abw. 1827
1615	— Joh. Hrch., Spengler, in Amerika	1828
2029	— Albert, Uhrenmacher, in Biel	1842
2213	— Friedr. Wilh., Pfläſterer, in Amerika	1845
2845	— Carl Albert, Kaufmann, in Winterthur	1853
3000	— Jakob Heinrich, Buchbinder,	abw. 1856
3154	— Carl Caspar, Chemiker,	abw. 1859
2606	Spieß, Johannes, Kappenmacher, Pfründer	1813
449	Spleiß, Joh. Heinrich, Privatier	1803
859	— Joh. Heinrich, Metzger	1816
1215	— Carl Gustav, Metzger	1826
1413	— Conrad, Hufschmied	1831
1825	— Joh. Jakob, Zimmermann,	abw. 1836
2114	— Heinrich, Schuhmacher,	„ 1844
2318	— Gustav Heinrich, Metzger	1846
2560	— Carl Jakob, Dekorationsmaler	1850
2846	— Gustav, Metzger	1853
3504	— Heinrich, Hufschmied,	abw. 1864
1578	Springer, Jakob, Handelsmann	1834
2511	— Christian, Schalenmacher, in Stein	1848
1772	Stamm, Clemens, Kfm., in Königsfeld	1821
2968	— Heinrich, Bundesrichter, in Lausanne	1827
2673	— Conrad, Eisenbahnangestellter	1832

Bürger-Nr.	Geschlechts- und Taufname, Stand oder Beruf.	Geboren.
2608	Stamm, Joh., Lehrer	1842
2731	— Gottfried Christian, in Königfeld	1851
2902	— Emil, "	1854
3054	— Heinrich, Gotthardtbahnbeamter in Luzern	1857
3112	— Friedrich Wilhelm, in Königsfeld	1858
3505	— Joh. Heinrich, "	1864
2229	Steiger, Wilhelm, Med. Dr.	1834
608	Stierlin, Ludwig, Einzüger	1808
673	— Konrad, Kaufmann	1810
700	— Wilhelm, Nagler	1811
749	— Ferdinand, abw.	1813
824	— Joh. Bernhard, Schreiner, in Amerika	1815
825	— Joh. Conrad, Wirth	1815
925	— Joh. August, Fabrikant, in Wengi	1818
951	— Joh. Jakob, Porzellanmaler, in Amerika	1819
952	— Carl Emil, Müller, in Newyork	1819
990	— Joh. Jakob, Zolleinnehmer, in Erzingen	1820
991	— Joh. Conrad, Wirth, abw.	1820
992	— Friedrich Albert, Agent	1820
1028	— Wilh. Gustav, Med. Dr., Bezirksarzt	1821
1055	— Joh. Conrad, Lehrer, in Amerika	1822
1214	— Joh. Conrad, Bäcker, in Chaux-de-Fonds	1826
1284	— Conrad Christof, Schlosser, in Amerika	1828
1326	— Johannes, Färber, in Brüssel	1829
1366	— Bernhard, Wirth, in Biel	1830
1367	— Fr. Hermann, Direktor der schweizerisch. Gasgesellschaft	1830
1415	— Johann Ludwig, abw.	1831
1416	— Joh. Conrad, Feilenhauer, in Amerika	1831
1481	— Johann Georg, Schlosser	1832
1482	— Johann Heinrich, Bierbrauer	1832
1483	— Johannes, Handelsmann, in Amerika	1832
1537	— Melchior, Metzger, in Basel	1833
1576	— Carl Jakob, Bäcker	1834
1575	— Joh. Conrad, Büchsenmacher, in Amerika	1834
1607	— Christof Hrch., Schlosser, "	1835
1608	— Joh. Friedrich, im Spital	1835
1609	— Alfred Heinrich, Schuster, in Zürich	1835
1708	— Georg Friedrich, Maler, in Amerika	1837

Bürger-Nr.	Geschlechts- und Taufname, Stand oder Beruf.	Geboren.
1723	Stierlin, Joh. Gottfried, Fabrikant	1837
1758	— Joh. Conrad, Gantmeister	1838
1818	— Joh. Conrad, in Bern	1838
1819	— Jakob Theod., Uhrenmacher, in Rorschach	1838
1817	— Eduard Joseph, Ober-Ingenieur, in Zürich	1839
1820	— Arnold, Feilenhauer, in Ostindien	1839
1821	— Jakob Albert, Kaufmann, abw.	1839
1889	— Georg Arnold, Kaufmann, in Manchester	1840
1926	— Ferdinand, Kaufmann	1841
2026	— Emil, Mechaniker, abw.	1842
2109	— Johann Bernhard, abw.	1843
2208	— Jakob Heinrich, Schmied	1845
2209	— Georg Joach. Aug., Fabrikant, in Wengi	1845
2314	— Johann Robert, in Rorschach	1846
2313	— Albert, Hutmacher, in Winterthur	1847
2653	— Robert, Kaufmann	1851
2718	— Joh. Georg, Schlosser, in Freiburg	1851
2717	— Johann Conrad, abw.	1852
2843	— Albert, Schmied, in München	1853
2903	— Wilhelm, Bäcker	1854
2904	— Julius Alfred, Mechaniker, abw.	1854
3155	— Carl Hermann, Architekt, in Wien	1859
3296	— Franz Adolf, Kaufmann, in Paris	1861
3349	— Ernst Albert, Kaufmann, abw.	1862
3350	— Karl Robert, Cand. Med., abw.	1862
3351	— Joh. Josef, in Brüssel	1862
3352	— Emil, Kaufmann, in Süd-Amerika	1862
3429	— Carl, Bierbrauer	1863
3559	— Hans Eugen, stud., abw.	1865
3560	— Konrad Rich., Chemiker, abw.	1865
3561	— Karl Rudolf, in Zofingen	1865
2797	Stihl, Martin, Feilenhauer, in Amerika	1852
3430	— Jakob, Gärtner	1863
448	Stokar v. Neuforn, Carl, Apotheker, in Brugg	1803
730	— Adrian, Ingenieur, im Spital	1812
826	— Gustav, Fabrikant	1815
893	— Kurt Franz, Offizier, in Würzburg	1817
1097	— David Carl Franz, abw.	1823
1131	— Franz Bernhard, abw.	1824

Bürger-Nr.	Geschlechts- und Taufnahme, Stand oder Beruf.	Geboren.
1132	Stokar v. Neuforn, Friedrich, in Amerika	1824
1245	— Franz, Ingenieur, abw.	1827
1709	— Carl, Oberrichter J. U. C.	1837
2210	— Conrad Franz Gustav, Bankdirektor	1845
2905	— Carl David, Philolog, abw.	1854
3055	— Hermann, Kassier der Kantonalbank	1857
3156	— Franz Alfred	1859
1544	Stoll, Johann Jakob, Müller, abw.	1833
3510	— Andreas, Lehrer	1837
2027	— Wilhelm, Fabrikant, in Meßkirch	1841
2129	— Friedrich, Schlosser, in Amerika	1843
2211	— Theodor, Drechsler, in Meßkirch	1845
3511	— Friedrich, Kaufmann	1864
1948	Storrer, Georg, Gärtner	1831
1953	— Jakob, Taglöhner	1834
2477	— Johannes, Landwirth	1844
2923	— Jakob, Silberarbeiter, in Heilbronn	1852
3056	— Georg, Kaufmann	1857
3157	— Carl Hermann, Conditor	1859
2361	Stötzner, Carl Georg, Buchhändler	1848
2111	Streif, Carl, Musiker, abw.	1843
2650	Sulger, Joh. Martin, Kaufmann, in Zürich	1851
2834	— Gustav Adolf, Mechaniker	1853
1601	Sulzer, Joh. Conrad, Büchsenmacher, abw.	1835
1701	— Joh. Jakob, Bäcker	1837
2101	— Franz, Kupferschmied, in Glarus	1843
2195	— Joh. Georg, Büchsenmacher, abw.	1845
2303	— Alexander, Kantonsgerichtsweibel	1847
3491	— Joh. Conrad, in Bern	1864
2492	Süßtrunk, Jakob, Landwirth	1844
2994	Sutter, Ernst, Gastwirth, in Eglisau	1856
2806	Tague, Ludwig Eduard, Kaufmann	1839
2742	Tanner, Mathias, Küfer	1841
3066	— Jakob, Einzüger der städt. Centralverwaltung	1847
3249	ten Brink, Joh. Gerhard, Fabrikant, in Arlen	1827
3363	— Joh. Gerhard Rud. Heinr., „	1862
3431	— Viktor Ed. Albert, „	1863
617	Thorwart, Valentin, Bierbrauer, „	1813

Bürger= Nr.	Geschlechts- und Taufname, Stand oder Beruf.		Geboren.
2214	Thorwart, Simon Ferdinand, Bierbrauer		1845
2362	— Martin Abert,	in Amerika	1847
2847	— Ernst Valentin, Bierbrauer,	„	1853
1134	Trippel, Alex.. Staatschemiker,	in Amerika	1824
1894	— Jakob Carl,	„	1840
1419	von Thurn und Taxis, Fürst Max. Anton Lamoral,	abw.	1831
1491	— Egon Max. Lamoral,	abw.	1832
1580	— Theob. Georg Max Lamoral	abw.	1834
1136	Uehlinger, Phil. Wilh., Mechaniker,	in Amerika	1823
3187	— Jakob, Schuhmacher		1824
2480	— Johannes, Lehrer		1828
1711	— Jakob Conrad,	in Amerika	1837
3113	— Joh. Heinrich, Kaufmann,	abw.	1858
3506	— Georg Arthur, Mechaniker,	abw.	1464
675	Ulmer, Georg, Schreiner		1810
1173	— Joh. Heinrich, Posamenter,	abw.	1825
1288	— Johannes, Gärtner		1828
1579	— Jakob, Lithograph		1834
2030	— Alexander, Stadtkassier		1842
2115	— Johann Georg, Kaufmann,	in Amerika	1843
2116	— Caspar, Gärtner		1844
2217	— Joh. Jakob, Metzger,	in Lausanne	1845
2363	— Ludwig Bernhard,	in Freiburg	1848
2722	— Johann Alfred, Metzger,	„	1851
2848	— Ferdinand, Drechsler		1853
3297	— Joh. Heinrich, Gärtner,	in Amerika	1861
3562	— Ernst, Zimmermann,	abw.	1865
3563	— Karl Melchior, Kaufmann,	abw.	1865
792	Veith, Ferdinand, Gasthofbesitzer,	in Ragatz	1814
829	— Joh. Heinrich, Hutmacher		1815
896	— Joh. Jak., Bürgerrath		1817
1463	— Joh. Wilhelm, Zimmermann		1822
1760	— J. Jakob, Hutmacher		1837
1761	— J. Heinrich, Färber		1838
1928	— Ferd., Fabrikdirektor,	in Winterthur	1841
2473	— Joh. Jakob, Waffenschmied		1848
2465	— Abraham, Kaufmann,	in Winterthur	1849
2561	— Georg Wilhelm, Schlosser,	abw.	1850

Bürger-Nr.	Geschlechts- und Taufname, Stand oder Beruf.	Geboren.
2786	Veith, August, Waffenschmied	1852
2787	— Carl, Kaufmann, in Bregenz	1852
2849	— Arnold, Bierhändler	1853
2906	— Ferd. Heinrich, Gasthofbesitzer in Ragatz	1854
3002	— Jakob Albert, Bäcker, abw.	1856
3158	— Heinrich, Advokat	1859
3159	— Jakob Hermann, Gärtner, in Port Natal	1859
3298	Vetterli, Konrad Eugen, Kaufmann	1861
1058	Van Vloten, Albert, abw.	1822
1538	— Franz Helenus, Fabrikbesitzer, in Neuhausen	1833
353	— Franz Wilhelm	1862
759	Vogel, Johannes, Privatier	1813
861	— Joh. Georg, Gerber	1816
897	— Joh. Samuel, Kammmacher, im Spital	1817
926	— Johannes, Posamenter	1818
1997	— Joh. Conrad, Pfründer	1820
1030	— Joh. Heinrich, Gerber, in Langenmoos	1821
1102	— Laurenz, Schuhmacher	1823
1249	— Abraham, Buchbinder, abw.	1827
3420	— Joh. Caspar, Schreiber, im Spital	1831
1677	— Joh. Heinrich, Maler	1836
1712	— F. Herm., Bürstenbinder, in Mühlhausen	1837
2219	— Jakob Hrch., Landwirth, in Neuforn	1845
2220	— Julian, Bäcker, in Amerika	1845
2319	— Joh. Carl, Landwirth, in Bubikon	1846
2466	— Johannes, Coiffeur, abw.	1848
2467	— Joh. Conrad, Schlosser, in Arbon	1849
2562	— Justin, Musiklehrer, in Lausanne	1849
2563	— J. Georg, Mechaniker	1850
2723	— Carl Otto, Maurer	1851
2725	— Heinrich Robert, Gerber	1851
2724	— Joh. Georg, Prediger, in Rheinböllen	1852
2850	— Joh. Heinrich, Müller	1853
2962	— Albert, Kaufmann, in Amerika	1855
3057	— Joh. Gottfried, Mechaniker	1857
3240	— Gottlieb, Maler	1860
3432	— Joh. Ernst Alb., Kaufm., in Patras	1863

Bürger-Nr.	Geschlechts- und Taufname, Stand oder Beruf.	Geboren.
525	Vögelin, J. Martin, in Brasilien	1806
1329	Vogler, J. Conrad, Mechaniker, in Amerika	1829
1484	— Gottlieb Conrad, Stadtforstmeister	1832
1539	— Carl Heinrich, Med. Dr.	1833
2375	Vogt, Friedrich Jakob, Gaswerkmeister	1830
1031	Vollmar, Paulus, Oberlehrer der Mädchenschule	1821
1137	— Paulus, Thierarzt, in Beringen	1824
2788	— Jakob, Metzger	1852
2963	— Conrad, Metzger	1855
3513	Von Ow, Simon, Rebmann	1820
862	Votsch, Johannes, Pfründer	1816
1369	— Bernhard, Wirth, in Buchberg	1830
1826	— Johannes, Kaufmann, abw.	1839
2119	— Arnold, Kaufmann, in Petersburg	1844
2851	— Joh. Jakob, Kaufmann	1853
3058	— Friedrich, Küfer, in Amerika	1857
3114	— Franz Wilhelm, Stadtrath	1858
3433	— Heinrich, Bäcker	1863
2748	Wäckerlin, Albert, Mechaniker	1850
3364	Wagen, Joh. Albert, abw.	1862
1251	v. Waldkirch, J. Arnold, Dr. jur., Oberrichter	1827
1289	— Bernhard David, abw.	1828
1370	— August, abw.	1830
1421	— Ulrich Wilhelm, Privatier	1831
1582	— Eduard	1834
1678	— Otto, Uhrenfabrikant, in Biel	1836
2222	— Albert Bernh., Landwirth, in Wülflingen	1845
2320	— Hermann Julius August, in Winterthur	1846
3299	— Dietegen Ferd. Oskar, abw.	1861
3300	— Friedrich August, Kaufmann, abw.	1861
3301	— Hermann Ferdinand, in Derendingen	1861
3302	— Karl Friedr. Otto, abw.	1861
3434	— Emil, Kaufmann, abw.	1863
3435	— Theodor August Eduard, abw.	1863
3563	— Gustav Friedrich Karl, abw.	1865
899	Waldvogel, J. Heinrich, Küfer und Eichmeister	1817
2239	— Melch., Schuhmacher und Landwirth	1823
1290	— Jakob, Maler	1828
1896	— Bernh. Rob., Uhrenschalenfabrkt., in Locle	1841

Bürger-Nr.	Geschlechts- und Taufname, Stand oder Beruf.		Geboren.
3003	Walbvogel, Johannes, Zimmermann		1856
3059	— Joh. Jakob, Maler		1857
3060	— Andreas, Zimmermann		1857
3115	— Conrad, Lehrer,	in Basel	1858
3160	— Joh. Heinrich, Kaufmann		1859
2811	Walter, Conrad, Landwirth		1821
1954	— Sebastian, Landwirth,	in Amerika	1823
2789	— Joh. Georg, Schalenmacher		1852
2852	— Conrad, Silberarbeiter		1853
2853	— Johann Conrad, Landwirth		1853
3354	— Johannes, Gärtner		1862
2232	Wanner, Alexander, Gipser und Wirth		1825
2610	— Heinrich, Mehlhändler		1828
2662	— Martin, Oberlehrer der Knabenschule		1847
2726	— Adam, Buchbinder,	abw.	1851
2727	— Alexander, Gipser		1851
2752	— Conrad, Kaufmann		1852
3371	— Joh. Heinrich, Drechsler		1853
3161	— Heinrich, Kaufmann,	in Amerika	1859
3241	— Gustav, Waffenschmied,	„	1860
2378	Waßmuth, J. G., Kaufmann,	in Livorno	1819
2379	— Ludwig Theod. Friedrich,	„	1846
2470	— Georg Emil Gustav,	„	1849
2728	— Hugo Viktor Karl,	„	1851
3061	— Julius Wilhelm,	„	1857
3436	— Rudolf Max, Kaufmann		1863
609	Weber, Mathias, Metzger,	in Sitten	1808
704	— Joh. Jakob, Kupferschmied,	abw.	1811
1218	— Joh. Hrch., Chirurg,	in Zürich	1826
1291	— Joh. Jakob, Schleifer		1828
1618	— Philipp, Hafner,	abw.	1829
2140	— Georg, Landwirth		1830
1422	— Joh. Gottfried, Küfer,	in Amerika	1831
1423	— Joh. Conrad, Landwirth,	in Herblingen	1831
3307	— Johannes, Schneider		1831
3004	— J. Albert, Gärtner,	abw.	1856
3005	— Jakob Leonhard, Schalenmacher		1856
3162	— Johann,	in Zürich	1859
3242	— Carl, Mechaniker,	abw.	1860

Bürger- Nr.	Geschlechts- und Taufname, Stand oder Beruf.	Geboren.
3355	Weber, Robert, Mechaniker,	abw. 1862
3437	— Georg Friedrich, Buchbinder,	abw. 1863
3438	— David Konrad, Koch,	in Amerika 1863
3573	— Jakob, Coiffeur,	in Amerika 1863
2633	Wehrlin, Joh., Kaufmann	1849
1641	Weibel, Gottfried, Buchhändler,	in Amerika 1836
2564	Werl, Wilh. Conrad, Mechaniker,	abw. 1850
2854	— Franz Emil, Kaufmann	1853
2611	Werner, Joh. Jakob, Sattler	1831
2745	— David, Silberarbeiter	1835
2612	— Johannes, Schmied	1836
2487	— Conrad, Kaufmann	1844
2670	— Ulrich, Giesser	1844
3243	— Jakob, Sattler,	abw. 1860
3565	— David, Schlosser	1865
2120	Wibtmann, Joh. Friedrich, Buchbinder	1843
2223	— Carl Friedrich Eduard, Hafner und Pedell am Gymnasium	1845
2364	— Joh. Fritz, Hafner	1847
2926	— Carl, Giesser	1851
2744	Wieser, Philipp, Gastwirth	1827
1103	Wildberger, Hrch., Pfarrer,	in Locle 1823
1292	— Christof, Gepäckexpedient	1828
2669	— Joh., Kaufmann, Kantonsrath	1828
3007	— Max, Kaufmann	1856
3062	— Joh. Arnold, Kaufmann,	in Brasilien 1857
3116	— Ernst, Med. Dr.,	in Winterthur 1858
3164	— Hrch. Theodor	1859
3244	— Heinrich, Zahnarzt,	abw. 1860
2224	Winz, Carl Joh. August,	in England 1845
2469	— Ludwig Edmund,	„ 1849
3356	Wipf, Joh. Heinrich, Tapezierer,	in Amerika 1862
864	Wolf, Johann Martin, Dr. Med.	1816
998	— Georg Fr., Kaufmann, in New-Orleans	1820
1032	— Emil Adrian,	in Mülden 1821
1485	— Joh. Conrad, Messerschmied, in Amerika	1832
2121	— Carl Martin, Bankkassier, in Lichtensteig	1844
2321	— Georg Lukas, Musikdirektor, in Herisau	1846
2365	— Frdr. Aug., Landw, in Niedermorschweiler	1847

Bürger-Nr.	Geschlechts- und Taufname, Stand oder Beruf.		Geboren.
3117	Wolf, Hans Martin, Advokat		1858
3303	— Conrad, Buchbinder,	abw.	1861
643	Wüscher, Joh. Jakob, Landwirth, in Unterhallau		1809
677	— Wilh., Postkondukteur, in Zürich		1810
793	— Georg Alex., Schlosser		1814
831	— Joh. Conrad, Kürschner, in Bern		1815
1060	— August, Kaufmann, in Zürich		1822
1104	— Joh. Heinrich, Buchbinder		1823
1175	— Joh., Metzger, in Amerika		1825
1217	— Carl Friedrich, Gerber,	abw.	1826
1220	— Joh. Wilhelm, Spitalschaffner		1826
1254	— Joh. Friedrich, Hutmacher		1827
1372	— Abel, Hülfsarbeiter		1830
1424	— Joh. Heinrich, Seiler, in Amerika		1831
1540	— Joh. Rudolf, Hutmacher, in San|Franzisko		1833
1611	— Gottfried, Schuhmacher, in Algier		1835
1713	— Joh. Jakob, Kürschner		1837
1827	— Heinrich, Gerber		1839
1897	— Joh. Heinrich, Kaufmann,	abw.	1840
1898	— Hrch. Wilhelm, Maler und Glaser		1840
2367	— Alexander, Kaufmann, in Beckenried		1841
2033	— Carl Conrad Alphons,	abw.	1842
2122	— Joh. Jakob, Bäcker, in Chaux-de-fonds		1843
2225	— Conrad, Farmer, Roosak, Amerika		1845
2322	— Joh. Conrad, Zimmermann,	abw.	1846
2472	— Joh. Georg, Schlosser,	abw.	1849
2565	— Christof, Landwirth, in Unterhallau		1850
2730	— August Mathias,	abw.	1851
2790	— Georg Bernhard		1852
2855	— Friedrich, Lokomotivführer, in Bellinzona		1853
2965	— Heinrich Ferd., Kunstmaler,	abw.	1855
2964	— Georg Wilhelm, Kaufmann		1855
3063	— Alexander, Mechaniker,		1857
3245	— Rudolf Ferdinand, Schlosser,	abw.	1860
3357	— Friedrich, Gärtner,	abw.	1862
3358	— Joh. Jakob, Kürschner,	abw.	1862
3439	— Rudolf Friedrich, in Amerika		1863
2236	Wyß, Joh. David, in Amerika		1818

Bürger- Nr.	Geschlechts- und Taufname, Stand oder Beruf.	Geboren.
931	Zehender, Joh. Heinrich, Färber, in Flawyl	1818
1333	— Ferd., Rektor d. höh. Töchterschule i. Zürich	1829
2856	— Wilhelm August, in Flawyl	1853
3359	— Hermann, abw.	1862
3566	— Karl, abw.	1865
678	Ziegler, Theodor, Privatier,	1810
794	— Franz Ludwig, alt Pfarrer, abw.	1814
832	— Hermann, Privatier	1815
865	— Joh. Ferd., Mechaniker, in Rom	1816
1034	— Carl, Uhrenmacher, in Locle	1821
1176	— Conrad Adolf, Kaufmann, in Marseille	1825
1255	— Emil, Pfarrer, in Buchberg	1827
1542	— Bernhard Emil, in Solz bei Kassel	1833
2614	— Martin, Spitalförster	1833
1828	— Robert August, Kaufmann	1839
1899	— Friedrich Franz, Kaufmann, in Paris	1840
2123	— Oskar August, Kaufmann, Oberstlt.	1843
2366	— Eugen, Bezirksgerichts-Präsident	1847
2566	— Joh. Franz, Pfarrer, auf Burg	1850
2791	— Erwin August, Kaufmann, in Zürich	1852
2857	— Franz Seraphin, Kaufmann, abw.	1853
2863	— Wilhelm Adolf, in Marseille	1853
2907	— Conrad Arnold, in Marseille	1854
3165	— Franz Emil, Kaufmann, in London	1859
3246	— Marius Emil, in Marseille	1860
3305	— Ferdinand Alex., in Marseille	1861
3360	— Carl Eduard, Uhrenmacher, abw.	1862
3440	— Julius Eduard, Mechaniker	1863
3441	— Gottlob Emil, abw.	1863
3442	— Bernh. Eduard Krb. Albert, in Solz	1863
3507	— Heinrich Albert, in Locle	1864
3567	— Friedr. Wilh. Adolf Christ., in Solz	1865
679	v. Ziegler, Joh. Christian, Etuisfabr., in Genf	1810
761	— Carl Hermann, Privatier	1813
1374	— Joh. Jakob, Kaufmann, in Amsterdam	1830
1900	— Georg Hans Gustav, in Kurhessen	1840
2124	— Carl Wilh., Uhrenmacher, in Paris	1844
2226	— Joh. Rudolf, Kaufmann, in Herisau	1845
2567	— Heinrich Carl, Etuisfabrikant, in Genf	1850

Bürger- Nr.	Geschlechts- und Taufname, Stand oder Beruf.	Geboren.
2655	— Bernh. August, Landwirth	1851
2792	— Carl, in Kurhessen	1852
3078	— Franz Christof, Kunstmaler, in Genf	1855
3166	Zimmermann, Conrad, Stadtjäger	1840
1117	Zündel, Franz Ulrich, Bankier	1823
1177	— Gottlieb Friedrich, Gerber, in Winterthur	1825
1256	— Cäsar Heinrich, Kaufmann, in Triest	1827
1257	— J. Friedrich, Pfarrer, in Winterthur	1827
1334	— David, Pfarrer, in Bischofszell	1829
2966	— Bernhard Conrad, Bankier	1855
3064	— Ferdinand Eduard, Kaufm., in Hofen	1857
3306	— Bernhard Theodor, Müller, abw.	1861
3508	— Ernst Julius, Techniker, abw.	1864
3568	— Friedrich Gottlieb, abw.	1865

Aebersicht
sämmtlicher bürgerlicher Geschlechter der Stadt Schaffhausen.

Sollten im vorausgehenden Verzeichniß hier angegebene Geschlechter mangeln, so sind zur Zeit keine volljährigen männlichen Vertreter desselben vorhanden.

Abegg.
Altorfer.
Ambühl.
Ammann.
Amsler.
Anding.
Andreä.
Auer.
Bächtold.
Bahnmaier.
Barmettler.
Bäschlin.
Basler.
Bastian.
Baumann.
Baumer.
Baur.
Beck.
Becker.
Behrends.
Bendel.
Bereuter.
Bernat.
Biebermann.
Blank.
Blanz.
Blum.
Bodmer.

Böhm.
Bollin.
Bollinger.
Brandt.
Brandenberger.
Braun.
Bringolf.
Brodtmann.
Brög.
Brupbacher.
Brütsch.
Bühlmann.
Bührer.
Bürgin.
Burgauer.
Caspar.
Castella.
Classen.
Curths.
D'Aujourd'hui.
Deggeller.
Deuber.
Dietzsch.
Disch.
Ditmar.
Dürr.
Duswald.
Eisenecker.

Elterich.
Enderis.
Entlebucher.
Ermatinger.
Ernst.
Etzensperger.
Etzweiler.
Fahrner.
Fährlin.
Fäßler.
Fehr.
Fink.
Fischer.
Flach.
Flentjen.
Forrer.
Forster.
Fras.
Frauenfelder.
Frei.
Freuler.
Gäschlin.
Gasser.
Gelzer.
Germann.
Gerosa.
Geuggis.
Glatt.

Glitsch.
Göppel.
Gorri.
Götzel.
Götzinger.
Graf.
Gräf.
Gremmiger.
Grieshuber.
Grimm.
Güttinger.
Habicht.
Hakios.
Hangartner.
Hanser.
Harder.
Hardtmeyer.
Hasenfratz.
Hatt.
Hauck.
Hauser.
Haußmann.
Heer.
Heizmann.
Hengelhaupt.
Henneberg.
Herbst.
Herder.
Hermann.
v. Heyder.
Hildebrand.
Hilzinger.
Hippenmeyer.
Hochreuter.
Höchner.
Hofmann.
Horobezki.
Höscheller.
Huber.
Hübscher.

Hug.
Hummel.
Hüninger.
Hurter.
v. Hurter.
Jetter.
Jetzler.
Im=Thurn.
Jochim.
Joos.
Jsler.
Jth.
Jll.
Keefer.
Käftle.
Kaiser.
Karrer.
Keller.
Kern.
Kesselmeyer.
Kesselring.
Kilgus.
Kirchhofer.
Kleiner.
Klingenberg.
Kobiernitzki.
Köpplin.
Krüger.
Kübler.
Kügeli.
Kuhn.
Kummer.
Kunkler.
Küth.
Laffon.
Lämmlin.
Landolt.
Lang.
Lappe.
Lehmann.

Leu.
Leupp.
Liebl
v. Liliencron.
Lips.
Löffel.
Lohrer.
Maag.
Mader.
Mägis.
v. Mandach.
Mann.
Manz.
Maier.
Markun.
Martin.
Marquard.
Mathis.
Matzinger.
Maurer.
Mayü.
Meister.
v. Meyenburg.
Meyer.
Metzger.
Mökli.
Monhard.
Morstadt.
Moser.
Mosmann.
Muhl.
Müller.
Murbach.
Neef.
Neher.
Neithard.
Noll.
Oechslin.
Opprecht.
Oschwald.

Osterrieth.
Ott.
Peter.
Peyer.
Peyer im Hof.
Pfaff.
Pfau.
Pfeiffer.
Pfersich.
Pfister.
Pletscher.
Preu.
Ragaz.
Rahm.
Rapp.
Rausch.
Rauschenbach.
Rebmann.
Reifer.
Rehm.
Reinfried.
Renner.
Reutemann.
Ringk v. Wildenberg.
Ritzmann.
Robichon.
Roth.
Roost.
Rüegg.
Ruh.
Rüger.
Rüblin.
Rumpus.
Russenberger.
Schachenmann.
Schatzmann.
Schäfle.
Schaffitz.
Schalch.
Scheck.

Scheffmacher.
Schelling.
Schenk.
Schenkel.
Scherrer.
Schick.
Schilling.
Schiltknecht.
Schlatter.
Schlumberger.
Schmied.
Schneider.
Schneckenburger.
Schnetzler.
Schoch.
Schoop.
Schöttlin.
Schudel.
Schuler.
Schupp.
Schwabe.
Schwarz.
Schwarzmann.
Schweizer.
Screta v. Zavorziz.
Seiler.
Sender.
Siegerist.
Sigel.
Sigg.
Simmler.
Soltau.
Sorg.
Spahn.
Speißegger.
Spengler.
Spieß.
Spleiß.
Springer.
Stamm.

Steiger.
Stierlin.
Stihl.
Stockar v. Neuforn.
Stoll.
Storrer.
Stötzner.
Streif.
Süßtrunk.
Sulger.
Sulzer.
Surbeck.
Sutter.
Tague.
Tanner.
ten Brink.
Thorwart.
v. Thurn u. Taxis.
Trambauer.
Trippel.
Uehlinger.
Ulmer.
Van Bloten.
Veith.
Vetterli.
Vogel.
Vögelin.
Vogler.
Vogt.
Vollmar.
Von Orw.
Votsch.
Wäckerlin.
Wagen.
Walch.
v. Waldkirch.
Waldvogel.
Walter.
Wanner.
Waßmuth.

Weber.
Wehrlin.
Weibel.
Weißhaupt.
Werl.
Werner.
Widtmer.
Widtmann.

Wiesendanger.
Wieser.
Wildberger.
Winz.
Wipf.
Wolf.
Wölflin.

Wüscher.
Wyß.
Zehender.
Ziegler.
v. Ziegler.
Zimmermann.
Zündel.